建设工程抗震管理条例
建筑与市政工程抗震通用规范
钢结构通用规范

应用指南

王立军　编著

中国建筑工业出版社

图书在版编目（CIP）数据

建设工程抗震管理条例　建筑与市政工程抗震通用规范　钢结构通用规范应用指南/王立军编著. —北京：中国建筑工业出版社，2022.1
ISBN 978-7-112-26982-2

Ⅰ.①建… Ⅱ.①王… Ⅲ.①建筑工程-防震设计-管理-条例-中国②建筑工程-防震设计-设计规范-中国③市政工程-防震设计-设计规范-中国④钢结构-设计规范-中国　Ⅳ.①D922.297②TU352.104-65③TU391.04-65

中国版本图书馆 CIP 数据核字（2021）第 267325 号

责任编辑：刘瑞霞
责任校对：党　蕾

建设工程抗震管理条例
建筑与市政工程抗震通用规范
钢结构通用规范应用指南
王立军　编著

*

中国建筑工业出版社出版、发行（北京海淀三里河路 9 号）
各地新华书店、建筑书店经销
霸州市顺浩图文科技发展有限公司制版
北京市密东印刷有限公司印刷

*

开本：850 毫米×1168 毫米　1/32　印张：3　字数：57 千字
2022 年 3 月第一版　2022 年 3 月第一次印刷
定价：29.00 元
ISBN 978-7-112-26982-2
（38707）

版权所有　翻印必究
如有印装质量问题，可寄本社图书出版中心退换
（邮政编码 100037）

序 一

全文强制标准《钢结构通用规范》GB 55006—2021 将于 2022 年 1 月 1 日实施。王立军作为本规范的参编人和《钢结构设计标准》GB 50017—2017 的主编，在本规范编制过程中为本规范的形成提出了许多宝贵意见和建设性解释。我欣喜地看到，王立军大师在这本《应用指南》中，将这些解释又有进一步详细叙述，如对于二道防线的解释。这些内容为本规范的应用提供了很好的参考和引导作用。

王立军作为结构工程师，长期从事超高层、钢结构、复杂结构的设计工作。从其设计作品看，王立军善于将新技术、新理念引入工程设计，是一个勇于创新、勤于实践的结构工程师。作为国家一级注册结构工程师、英国皇家特许结构工程师、香港注册结构工程师，王立军具有深厚的结构工程背景和宽广的国际视野，谙熟国际主流规范，这些也会反映在这本《应用指南》中，并为其增色不少。我相信并祝愿王立军工程师的这部《应用指南》对大家学习和理解《钢结构通用规范》会帮助良多。

《钢结构通用规范》主编

沈世钊

2021.10.10

序 二

近日国务院颁布了《建设工程抗震管理条例》（简称《抗震条例》），《建筑与市政工程抗震通用规范》GB 55002—2021（简称《抗震规范》）也将于近期实施。《抗震条例》和《抗震规范》的实施是工程抗震领域的大事，必将对结构抗震产生深远影响。

王立军大师作为《抗震规范》的审查专家，在《抗震规范》的审查过程中提出了许多建设性的意见。这些意见有些是有关抗震设计的基本思想的，如小震设计、性能化设计、抗震等级等；有些是应用层面的，如钢构件截面板件宽厚比限值等。我们一致认为，这些探讨对结构抗震的发展是十分有益的。

在此，我欣喜地看到，王立军大师的这本《应用指南》，在讲解《抗震条例》和《抗震规范》的同时，将其在结构设计和咨询中的经验和体会融入其中，其中有些内容与前面讨论的问题相关。我们希望，这些内容能够引起同行的关注和讨论，并为促进我国结构抗震的发展作出贡献。

《建筑与市政工程抗震通用规范》主编

2021. 10. 10

前　言

为适应国际技术法规与技术标准通行规则，2016年以来，住房和城乡建设部陆续印发《深化工程建设标准化工作改革的意见》等文件，提出政府制定强制性标准、社会团体制定自愿采用性标准的长远目标，明确了逐步用全文强制性工程建设规范取代现行标准中分散的强制性条文的改革任务，逐步形成由法律、行政法规、部门规章中的技术性规定与全文强制性工程建设规范构成的"技术法规"体系。

强制性工程建设规范具有强制约束力，是保障人民生命财产安全、人身健康、工程安全、生态环境安全、公众权益和公众利益，以及促进能源资源节约利用、满足经济社会管理等方面的控制性底线要求，工程建设项目的勘察、设计、施工、验收、维修、养护、拆除等建设活动全过程中必须严格执行。与强制性工程建设规范配套的推荐性工程建设标准是经过实践检验的、保障达到强制性规范要求的成熟技术措施，一般情况下也应当执行。在满足强制性工程建设规范规定的项目功能、性能要求和关键技术措施的前提下，可合理选用相关团体标准、企业标准，使项目功能、性能更加优化或达到更高水平。推荐性工程建设标准、团体标准、企业标准要与强制性工程建设规范协调配套，各项技术要求不得低于强制性工程建设规范的相关技术水平。

强制性工程建设规范实施后，现行相关工程建设国家标准、行业标准中的强制性条文同时废止。现行工程建设地方标准中的强制性条文应及时修订，且不得低于强制性工程建设规范的规定。现行工程建设标准（包括强制性标准和推荐性标准）中有关规定与强制性工程建设规范的规定不一致的，以强制性工程建设规范的规定为准。

在本次通用规范的编制工程中，本人有幸承担了《钢结构通用规范》GB 55006—2021 的编制工作和《建筑与市政工程抗震通用规范》GB 55002—2021 的审查工作，并多次参加了《建设工程抗震管理条例》的讨论工作。因此，这里特将自己对这三部条例和规范的理解整理成册加以出版，为大家的学习提供参考。

在本书的写作过程中，得到了众多前辈的提携和广大结构同仁的支持和鼓励，在此一并感谢，并对沈世钊院士、范峰教授、曹正罡教授、黄世敏研究员、罗开海研究员、潘鹏教授、陆新征教授、石诚正高级工程师、朱寻炎高级工程师以及 DS 工作室的同仁们表示特别感谢。

由于本人水平有限，错误在所难免，望大家批评指正。

王立军
2021. 9. 30

本书多次引用规范简称

序号	规范	简称
1	《建筑抗震设计规范》GB 50011—2010(2016年版)	抗规
2	《高层建筑混凝土结构技术规程》JGJ 3—2010	高规
3	《钢结构设计标准》GB 50017—2017	17钢标
4	《建筑结构荷载规范》GB 50009—2012	荷载规范
5	《空间网格结构技术规程》JGJ 7—2010	空间网格规程

目 录

建设工程抗震管理条例开篇
建设工程抗震管理条例……………………………………… 2
  第三条　以人为本 ……………………………………… 2
  第九条　适用范围 ……………………………………… 2
  第十一条　隔震减震 …………………………………… 2
  第十二条　抗震专篇 …………………………………… 2
  第十三条　超限审查 …………………………………… 3
  第十五条　使用说明 …………………………………… 3
  第十六条　中震设计 …………………………………… 3
  第二十一条　抗震加固 ………………………………… 14
  第二十四条～第二十七条　农村建筑 ………………… 14

通用规范开篇
建筑与市政工程抗震通用规范 ……………………………… 17
  1　总则 …………………………………………………… 17
    1.0.1　编制目的 ……………………………………… 17
    1.0.2　适用范围 ……………………………………… 17
    1.0.3　合规性要求 …………………………………… 18
  2　基本规定 ……………………………………………… 19
    2.1　性能要求 ………………………………………… 19
      2.1.1　抗震设防目标 ……………………………… 19
      2.1.2　抗震设防水准 ……………………………… 19
    2.2　地震影响 ………………………………………… 20
      2.2.1、2.2.2　抗震设防烈度 …………………… 20
    2.3　抗震设防分类和设防标准 ……………………… 21
      2.3.1、2.3.2　抗震设防分类和设防标准 ……… 21

    2.4 工程抗震体系 ································· 22
        2.4.1 抗震体系基本要求 ························ 22
        2.4.2 抗震措施 ································ 23
        2.4.4 相邻建筑碰撞控制要求 ···················· 24
3 场地与地基基础抗震 ································· 25
    3.1 场地抗震勘察 ································· 25
        3.1.1 抗震勘察基本要求 ························ 25
        3.1.2 地段划分 ································ 25
        3.1.3 场地类别 ································ 26
    3.2 地基与基础抗震 ······························· 26
        3.2.1 天然地基抗震验算 ························ 26
        3.2.2 液化判别 ································ 26
        3.2.3 液化土和震陷软土中桩的配筋 ·············· 27
4 地震作用和结构抗震验算 ····························· 28
    4.1 一般规定 ····································· 28
        4.1.1 设计地震动参数调整 ······················ 28
        4.1.3 重力荷载代表值 ·························· 28
        4.1.4 抗震设计基本要求 ························ 29
    4.2 地震作用 ····································· 30
        4.2.1 抗震设计计算方法 ························ 30
        4.2.2 地震影响系数取值 ························ 30
    4.3 抗震验算 ····································· 31
        4.3.1 抗震承载力验算 ·························· 31
        4.3.2 构件地震组合内力设计值 ·················· 31
        4.3.3 结构地震变形验算 ························ 32
5 建筑工程抗震措施 ··································· 34
    5.1 一般规定 ····································· 34
        5.1.1 建筑方案的概念设计原则 ·················· 34
        5.1.2 抗震结构体系 ···························· 34

5.1.3 框架填充墙 ································ 34
   5.1.6～5.1.10 隔震设计要求 ···················· 35
   5.1.11 消能减震设计规定 ························ 35
   5.1.12 非结构构件抗震要求 ······················ 35
  5.2 混凝土结构房屋 ································ 36
   5.2.2 塑性铰区 ···································· 36
   5.2.3 筒体结构的外框刚度 ······················· 36
  5.3 钢结构房屋 ······································ 37
   5.3.1 板件宽厚比 ································ 37
   5.3.2 钢框架构造要求 ··························· 39

钢结构通用规范 ···································· 40
 1 总则 ·· 40
   1.0.1 编制目的 ··································· 40
   1.0.2 适用范围 ··································· 40
   1.0.3、1.0.4 新技术 ···························· 40
 2 基本规定 ·· 42
   2.0.1 钢结构设计基本要求 ······················ 42
   2.0.2 结构体系 ··································· 42
   2.0.3 钢结构性能要求 ··························· 42
   2.0.4 全寿命周期 ································ 43
 3 材料 ·· 46
   3.0.1 钢材 ··· 46
   3.0.2 钢材性能指标 ······························ 46
   3.0.3 钢材强度设计值 ··························· 47
 4 构件及连接设计 ·································· 48
  4.1 普通钢构件 ····································· 48
   4.1.1、4.1.2 轴压构件稳定 ···················· 48
   4.1.4 梁整体稳定 ································ 48
   4.1.6 压弯构件稳定 ······························ 49

 4.2 冷弯钢构件 …………………………………………… 49
  4.2.1 扭转计算 ………………………………………… 49
  4.2.3 风吸力影响 ……………………………………… 50
 4.3 不锈钢构件 …………………………………………… 50
  4.3.1 材料 ……………………………………………… 50
  4.3.3 不锈钢耐蚀性 …………………………………… 50
 4.4 钢结构连接 …………………………………………… 51
  4.4.1 计算模型 ………………………………………… 51
  4.4.2 高强度螺栓连接受剪承载力 …………………… 51
  4.4.6 不能用于有疲劳要求的焊缝 …………………… 52
 4.5 疲劳 …………………………………………………… 52
  4.5.1 疲劳验算 ………………………………………… 52
  4.5.2 结构工作温度 …………………………………… 54
  4.5.3 高强度螺栓承压型连接 ………………………… 55
  4.5.4 栓焊并用 ………………………………………… 55
 4.6 构造要求 ……………………………………………… 56
  4.6.1 支撑 ……………………………………………… 56
  4.6.2 长细比 …………………………………………… 57
  4.6.3 焊缝尺寸 ………………………………………… 60
  4.6.4 构造措施 ………………………………………… 60
5 结构设计 ………………………………………………………… 61
 5.1 门式刚架轻型房屋钢结构 …………………………… 61
  5.1.2 门式刚架结构体系 ……………………………… 61
  5.1.4 门式刚架的施工 ………………………………… 61
 5.2 多层和高层钢结构 …………………………………… 61
  5.2.1 二道防线与双重抗侧力体系 …………………… 61
  5.2.2 结构计算 ………………………………………… 62
  5.2.3 结构稳定分析 …………………………………… 62
  5.2.4 高层钢结构抗震设计 …………………………… 63

5.2.6　多高层结构刚度 ·· 64
　5.3　大跨度钢结构 ··· 65
　　5.3.1　计算模型 ·· 65
　　5.3.2　雪荷载 ·· 66
　　5.3.3　大跨稳定分析 ·· 66
　　5.3.4　抗震计算 ·· 68
　5.4　塔桅钢结构 ··· 69
　　5.4.1　风荷载 ·· 69
　　5.4.2　覆冰荷载 ·· 69
　　5.4.3　防腐 ·· 69
　　5.4.5　风电塔疲劳 ··· 70
　5.5　钢筒仓结构 ··· 70
　　5.5.2　荷载 ·· 70
　　5.5.3　贮料内摩擦角 ·· 71
　　5.5.5　钢筒仓承载力计算 ··· 72
　5.6　城市钢桥 ·· 72
　　5.6.1　钢桥设计 ·· 72
　　5.6.3　钢桥抗倾覆 ··· 73
　　5.6.4　钢桥疲劳 ·· 74
6　抗震与防护设计 ··· 75
　6.1　抗震设计 ·· 75
　　6.1.1　强节点弱构件 ·· 75
　　6.1.4　强连接弱构件 ·· 75
　6.2　隔震与减震设计 ·· 76
　　6.2.3　消能器连接节点 ··· 76
　6.3　防护设计 ·· 76
　　6.3.1　钢结构防护 ··· 76
　　6.3.3　钢结构防火设计 ··· 77
7　施工及验收 ·· 78

7.1 制作与安装 ································ 78
　　7.1.4、7.1.6 钢结构安装 ················· 78
7.2 焊接 ······································· 78
　　7.2.2 焊接工艺评定 ························ 78
　　7.2.3 焊缝检测 ····························· 79
7.3 验收 ······································· 80
　　7.3.1 防腐涂料 ····························· 80
　　7.3.2 防火涂料 ····························· 80
8 维护与拆除 ·· 81
　8.1 维护 ······································· 81
　　8.1.1 钢结构维护 ·························· 81
　8.3 拆除 ······································· 81
　　8.3.2 钢结构拆除 ·························· 81
　　8.3.5 拆除过程中结构的稳定 ············· 82

建设工程抗震管理条例开篇

建设工程抗震管理条例，作为政府令，对建筑工程抗震管理具有法规作用。

第十六条规定：位于高烈度设防地区、地震重点监视防御区的新建学校、医院、应急指挥中心等建筑应当按照国家有关规定采用隔震减震等技术，保证发生本区域设防地震时能够满足正常使用要求。

这里提到设防地震下几类建筑需满足正常使用要求，是否需中震设计？如何做，既能保证震后正常使用，又基本不增加造价？

建设工程抗震管理条例

第三条　以人为本

建设工程抗震应当坚持以人为本、全面设防、突出重点的原则。

第九条　适用范围

新建、扩建、改建建设工程，应当符合抗震设防强制性标准。

第十一条　隔震减震

建设工程设计文件中应当说明抗震设防烈度、抗震设防类别以及拟采用的抗震设防措施。采用隔震减震技术的建设工程，设计文件中应当对隔震减震装置技术性能、检验检测、施工安装和使用维护等提出明确要求。

第十二条　抗震专篇

对位于高烈度设防地区、地震重点监视防御区的下列建设工程，设计单位应当在初步设计阶段按照国家有关规定编制建设工程抗震设防专篇，并作为设计文件组成部分：

（一）重大建设工程；

（二）地震时可能发生严重次生灾害的建设工程；

（三）地震时使用功能不能中断或者需要尽快恢复

的建设工程。

第十三条 超限审查

对超限高层建筑工程，设计单位应当在设计文件中予以说明，建设单位应当在初步设计阶段将设计文件等材料报送省、自治区、直辖市人民政府住房和城乡建设主管部门进行抗震设防审批。住房和城乡建设主管部门应当组织专家审查，对采取的抗震设防措施合理可行的，予以批准。超限高层建筑工程抗震设防审批意见应当作为施工图设计和审查的依据。

第十五条 使用说明

建设单位应当将建筑的设计使用年限、结构体系、抗震设防烈度、抗震设防类别等具体情况和使用维护要求记入使用说明书，并将使用说明书交付使用人或者买受人。

第十六条 中震设计

学校、幼儿园、医院、养老机构、儿童福利机构、应急指挥中心、应急避难场所、广播电视等建筑，应当按照不低于重点设防类的要求采取抗震设防措施。

位于高烈度设防地区、地震重点监视防御区的新建学校、幼儿园、医院、养老机构、儿童福利机构、应急指挥中心、应急避难场所、广播电视等建筑应当按照国家有关规定采用隔震减震等技术，保证发生本区域设防地震时能够满足正常使用要求。

这里需要讨论两个问题：学校包括大学吗？满足设

防地震正常使用是中震设计吗？

1 按《建筑工程抗震设防分类标准》GB 50223—2008，乙类建筑包括：医院，中小学、幼儿园，8000人写字楼。大学未包含在乙类建筑之内。

按《建筑工程抗震设防分类标准》第 3.0.2 条，建筑工程应分为以下四个抗震设防类别：

特殊设防类：指使用上有特殊设施，涉及国家公共安全的重大建筑工程和地震时可能发生严重次生灾害等特别重大灾害后果，需要进行特殊设防的建筑。简称甲类。

重点设防类：指地震时使用功能不能中断或需尽快恢复的生命线相关建筑，以及地震时可能导致大量人员伤亡等重大灾害后果，需要提高设防标准的建筑。简称乙类。

标准设防类：指大量的除 3 类以外按标准要求进行设防的建筑。简称丙类。

适度设防类：指使用上人员稀少且震损不致产生次生灾害，允许在一定条件下适度降低要求的建筑。简称丁类。

美国标准（IBC），将建筑安全类别分为Ⅰ、Ⅱ、Ⅲ、Ⅳ四类，相当于中国分类标准的丁、丙、乙、甲级。

Ⅲ类：300 人以上的会议厅；250 人以上的中小学、幼儿园；500 人以上的大学；50 人以上不含外科和急诊的三乙医院；三甲医院；5000 人以上的写字楼；发电厂。

Ⅳ类：包含外科和急诊的三乙医院；消防站，急救中心，派出所；地震、台风避难所；救灾备用电厂；空管中心；具有国家安全防护功能的建筑；为救火提供水压的泵站。

可见，美国标准的医院（有外科和急诊）为Ⅳ类，学校（包括 500 人以上的大学）为Ⅲ类。也即美国标准将中国分类标准中同为乙类的医院和中小学分别分成Ⅳ类和Ⅲ类。

需要指出的是，与抗规乙类只提高抗震措施不提高地震力不同，美国标准的Ⅲ类将地震力放大 25%，Ⅳ类放大 50%。

这次条例将中小学调整为学校，应该是包括大学的。由此可以推断，下一步会将大学调为乙类。

2 满足设防地震正常使用要求可理解为遭受设防地震后建筑物无需修复即可直接投入使用，即"中震不坏"。

对于主体结构来说，中震不坏，是做到中震弹性、中震不屈服还是满足其他控制指标？

一般来说，对于主体结构来说，高烈度区中震弹性、中震不屈服均不易做到，故建议做到 IO 阶段，下面加以讨论。

美国标准 ASCE41 给出了结构和构件的非线性弯矩

转角关系曲线，并给出了地震下不需修复即可直接使用的控制指标 IO（immediate occupancy）。美标对此的解释为，IO 意味着构件超过弹性极限具有轻微损坏，但结构仍保持震前的强度和刚度，结构受损轻微，可能需要小的修复但不影响震后直接使用。

《工业建筑抗震设计标准（送审稿）》附录 I "工业建筑抗震性能化评价"，对压弯构件的弯矩-转角模型的参数取值进行了具体化，并给出了弯矩-应变模型，下面介绍如下。

图 1 为框架梁端塑性铰区弯矩与转角关系图。B 点对应框架梁截面恰好形成塑性铰的时刻，此时 $M_B = Zf_y$ 为塑性弯矩，Z 为塑性截面模量，$\Delta_y = Zf_y l f_y /(6EI)$。IO 点对应轻微损坏，此时框架梁截面的转角 Δ_{IO} 约为 $2\Delta_y$。

框架梁基于应变的地震损坏等级见标准表 I.4.5-1。

表 I.4.5-1 压弯破坏的钢筋混凝土结构构件基于应变的地震损坏等级判别标准

损坏等级	损坏程度	判别标准	
		混凝土	钢筋
1 级	无损坏	$\|\varepsilon_3\| \leqslant \|\varepsilon_p\|$	且 $\varepsilon_1 < \varepsilon_y$
2 级	轻微损坏	$\|\varepsilon_3\| \leqslant \|\varepsilon_p\|$	且 $\varepsilon_y < \varepsilon_1 \leqslant 2\varepsilon_y$
3 级	轻度损坏	$\|\varepsilon_p\| < \|\varepsilon_3\| \leqslant 1.5\|\varepsilon_p\|$	或 $2\varepsilon_y < \varepsilon_1 \leqslant 3.5\varepsilon_y$
4 级	中度损坏	$1.5\|\varepsilon_p\| < \|\varepsilon_3\| \leqslant 2.0\|\varepsilon_p\|$	或 $3.5\varepsilon_y < \varepsilon_1 \leqslant 8\varepsilon_y$
5 级	比较严重损坏	$2.0\|\varepsilon_p\| < \|\varepsilon_3\| \leqslant \|\varepsilon_{cu}\|$	或 $8\varepsilon_y < \varepsilon_1 \leqslant 12\varepsilon_y$
6 级	严重损坏	$\|\varepsilon_3\| > \|\varepsilon_{cu}\|$	或 $\varepsilon_1 > 12\varepsilon_y$

由表 I.4.5-1 可见,轻微损坏对应混凝土 $|\varepsilon_3| \leqslant |\varepsilon_p|$,钢筋 $\varepsilon_y < \varepsilon_1 \leqslant 2\varepsilon_y$。

框架梁基于转角的地震损坏等级见标准表 I.4.5-2。

表 I.4.5-2　压弯破坏的钢筋混凝土结构构件基于转角的地震损坏等级判别标准

损坏等级	损坏程度	判别标准
1 级	无损坏	$\theta \leqslant \theta_y$
2 级	轻微损坏	$\theta_y < \theta \leqslant \theta_{IO}$
3 级	轻度损坏	$\theta_{IO} < \theta \leqslant \theta_P$
4 级	中度损坏	$\theta_P < \theta \leqslant \theta_{LS}$
5 级	比较严重损坏	$\theta_{LS} < \theta \leqslant \theta_u$
6 级	严重损坏	$\theta > \theta_u$

由表 I.4.5-2 可见,轻微损坏对应 $\theta_y < \theta \leqslant \theta_{IO}$。

比较表 I.4.5-1 和表 I.4.5-2,可知轻微损坏应变模型对应转角模型的图 1 中 IO 点。

以上从结构和构件弹塑性计算角度讨论了中震下如

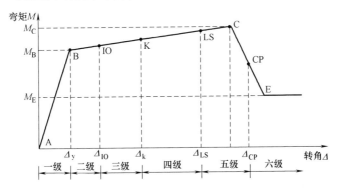

图 1

何保持建筑正常使用的设计方法,即由构件弹塑性计算保证框架梁端屈服程度在 IO 阶段。

抗规(2016 版)局部修订征求意见稿给出了弹性反应谱法保持中震下建筑正常使用的设计方法,第 3.10.3 条第 2 款 2)指出,"预期地震水准下需保持正常使用建筑的设计,其结构构件的设计要求,可按不低于本规范附录 M.1 中有关性能 2 的规定采用"。

在附录 M.1 中,对于性能 2 的要求为,设防地震下结构构件基本完好,承载力按不计抗震等级调整地震效应的设计值复核,公式如下:

$$\gamma_G S_{GE} + \gamma_E S_{Ek}(I,\zeta) \leqslant R/\gamma_{RE} \quad (M.1.2\text{-}2)$$

由上式可见,抗规的这一要求相对于中震弹性设计,基本上处于图 1 的 B 点,显然比 IO 要求高得多。

新近编制的《基于保持建筑正常使用功能的抗震技术导则》征求意见稿第 4.2.4 条给出了地震时正常使用建筑的普通水平构件的正截面承载力计算公式:

$$S_{GE} + S_{Ek} \leqslant R_k^* \quad (4.2.4)$$

公式(4.2.4)的混凝土梁承载力 R_k^* 考虑钢筋的超强系数 1.25,对应图 1 中的 C 点,梁达到抗弯极限承载力,转角模型转角达 θ_P,对应应变模型压区混凝土压应变为 $|\varepsilon_p| < |\varepsilon_3| \leqslant 1.5|\varepsilon_p|$,拉区钢筋拉应变为 $2\varepsilon_y < \varepsilon_1 \leqslant 3.5\varepsilon_y$。此时梁轻度损坏,不符合中震正常使用要求。

再来看抗规附录 M.1,表 M.1.1-1 给出的性能 3 表述为结构构件实现抗震性能要求承载力按标准值复核，公式为：

$$S_{GE}+S_{Ek}\leqslant R_k \quad (M.1.2\text{-}3)$$

式中 R_k 为按材料标准值计算的构件承载力。此时构件轻微损坏，变形小于 2 倍弹性位移限值。

综上，满足设防地震正常使用要求可理解为遭受设防地震后建筑物无需修复即可直接投入使用，可采用弹塑性时程分析方法，以构件进入塑性的 IO 阶段为限值，也可以采用弹性反应谱计算方法，以抗规附录 M.1 性能 3 为控制指标。

案例 1　北京成寿寺钢结构住宅，DS 工作室结构设计

图 2 中较矮的两栋楼为 9 层钢结构，采用钢框架＋金属阻尼墙结构体系。金属阻尼墙见图 3。项目位于 8 度区，地面加速度 $0.2g$。

图 2

图 3

大震弹塑性动力时程分析表明，大震下结构的部分钢框架梁进入屈服，程度属轻微损坏，即处于 IO 阶段，钢框架柱处于弹性状态。金属阻尼墙屈服耗能，起到耗散地震能量的作用。由此，地震后主体结构构件无需修复即可使用，所做的工作仅需更换受损的阻尼器。从图中可见阻尼器更换起来还是十分方便的。

案例 2　北京人民医院通州院区，华诚博远＋CPG 设计

图 4 病房楼 10 层，采用混凝土框架-剪力墙隔震结构。项目位于 8 度区，地面加速度 $0.2g$。采用有铅芯隔震垫（LRB）和无铅芯隔震垫（NRR），共计 232 套。

图 4

设计计算表明，对于这种高烈度区的混凝土结构，采用隔震体系可以满足主体结构构件地震下处于 IO 阶段的要求。

以上讨论了设防地震下对主体结构构件的要求。那么对于非结构构件和设备仪器,又如何保证前者震后不发生损坏,后者能正常使用呢?

研究表明,只要中震时能够将楼层加速度控制在一定的范围以内,即可保证非结构构件不损坏,仪器设备正常运行。

案例3　廊坊医院项目,中元石诚提供

图5,三栋住院楼(地上10层),采用钢框架＋BRB或黏滞阻尼器结构,抗震设防烈度8度(0.2g)。

图5

图6,中震地震波输入,加速度200gal＝2.0m/s^2。BRB减震结构,楼层加速度未得到有效控制。VFD(黏滞阻尼器)减震结构,最大楼层加速度2.3m/s^2＝0.23g。

可见,此案例中,采用黏滞阻尼器减震结构,可将楼层最大加速度控制在0.25g以下。

案例4　宿迁超高层办公楼,结构顾问:中衡王立军大师工作室

图7,本项目位于8度半地区(0.3g),结构体系采

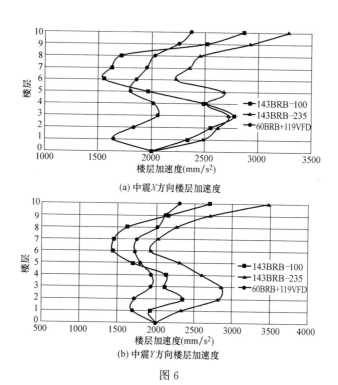

图 6

一、结构体系选择

最终结构方案——钢管混凝土柱+钢梁—加劲钢板墙+黏滞阻尼墙
黏滞阻尼墙设置在塔楼核心筒4~31层,每层设置4片

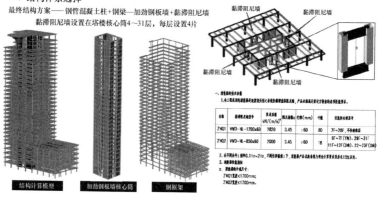

图 7

用钢板剪力墙＋黏滞阻尼墙内筒-钢管混凝土柱＋钢梁外框架结构体系,每层在核心筒设置 4 片黏滞阻尼墙(图8)。

图 8

图 9,中震地震波加速度 $0.3g = 3\text{m}/\text{s}^2$。中震时程

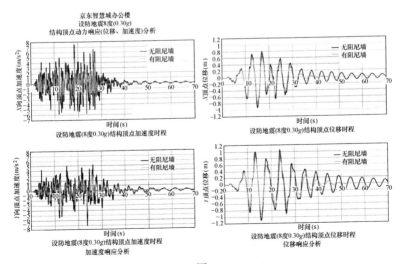

图 9

计算，输入 35s 地震波，之后自由振动 35s。图 9 给出了有无黏滞阻尼器情况下结构顶点加速度的对比。从中可见，阻尼的作用，使结构顶点加速度最大值由 7.5m/s^2 降至 $5.0\text{m/s}^2=0.5g$，特别是地震停止后加速度迅速降低且在短时间内停止振动。

由此可见，对于钢结构，加入黏滞阻尼器可以有效降低结构的楼层加速度反应。对于本文 8～8.5 度的案例，楼层加速度可控制在 $0.25g$～$0.5g$ 之间。

第二十一条　抗震加固

位于高烈度设防地区、地震重点监视防御区的学校、幼儿园、医院、养老机构、儿童福利机构、应急指挥中心、应急避难场所、广播电视等已经建成的建筑进行抗震加固时，应当经充分论证后采用隔震减震等技术，保证其抗震性能符合抗震设防强制性标准。

本条表明，对于处于高烈度区的六大类建筑进行抗震加固时，应经充分论证方可采用减隔震结构。

第二十四条～第二十七条　农村建筑

第二十四条　各级人民政府和有关部门应当加强对农村建设工程抗震设防的管理，提高农村建设工程抗震性能。

第二十五条　县级以上人民政府对经抗震性能鉴定未达到抗震设防强制性标准的农村村民住宅和乡村公共设施建设工程抗震加固给予必要的政策支持。

实施农村危房改造、移民搬迁、灾后恢复重建等，应当保证建设工程达到抗震设防强制性标准。

第二十六条 县级以上地方人民政府应当编制、发放适合农村的实用抗震技术图集。

农村村民住宅建设可以选用抗震技术图集，也可以委托设计单位进行设计，并根据图集或者设计的要求进行施工。

第二十七条 县级以上地方人民政府应当加强对农村村民住宅和乡村公共设施建设工程抗震的指导和服务，加强技术培训，组织建设抗震示范住房，推广应用抗震性能好的结构形式及建造方法。

条例的第二十四条～第二十七条为专属农村建设的条款。这次将农村房屋纳入管理条例，对提高我国工程抗震的整体水平，减少地震人员损失，是一项大利好。

通用规范开篇

通用规范,作为现行规范和标准的总结,总体上讲不会改变目前的设计现状。

通过阅读本书,希望对各方厘清以下问题有所帮助:

1. 对于行业管理者,通用规范如何操作?

2. 对于规范使用者,通用规范与现行标准如何协调?

3. 对于业主方,通用规范的实施是否会提高结构造价?

建筑与市政工程抗震通用规范

1 总 则

1.0.1 编制目的

我国地处环太平洋地震带和喜马拉雅-地中海地震带上，是世界上地震导致人员伤亡最为严重的国家之一。以目前的科技水平，尚不能准确地进行地震预报，因此，工程抗震仍是抵御地震破坏的最有效方法。本条根据《中华人民共和国防震减灾法》《中华人民共和国建筑法》等国家法律以及《建设工程质量管理条例》《建设工程安全生产管理条例》等行政法规，明确了本规范技术规定的宗旨，即加强建筑与市政工程的抗震设防对策，减轻地震破坏、避免人员伤亡、减少经济损失。

1.0.2 适用范围

本条内容为规范适用范围。

按项目所属行业，包括建筑工程和市政工程两类；按项目类型，包括新建、扩建、改建各类工程；按实施阶段，包括勘察、设计、施工、使用等全寿命周期的各阶段。

本条所说的建筑工程，与抗规的建筑工程相对应，因而本规范对其他行业的结构抗震有参考作用。

1.0.3 合规性要求

本条为"合规性"要求，即一般情况下抗震设计要按本规范执行，当采用与本规范不一致的抗震设计方法时，要对其进行合规性判定，此时要满足本规范 2.1 节的要求。

2.1 节为性能要求，包括第 2.1.1 条抗震设防目标和第 2.1.2 条抗震设防水准。对于建筑工程，抗震设防目标可简称为小震不坏、中震可修、大震不倒，对应的抗震设防水准为地震动超越概率 63.2%（50 年）、10%（50 年）、2%（50 年）。

由此我们不难得出两条十分有用的推论：

1 本规范的抗震设计方法也是一种性能化设计；

2 本规范的抗震设防目标为最低要求，抗震设计可按性能化思想选用更高的设防目标。

2 基本规定

2.1 性能要求

2.1.1 抗震设防目标

本条规定了建筑与市政工程抗震设防的最低性能要求,属于工程抗震质量安全的控制性底线要求。

1 小震不坏:多遇地震下,主体结构和市政管网不受损坏或无需修理即可继续使用。

2 中震可修:设防地震下,主体结构可发生损伤,但经一般性修理能继续使用;市政管网的损坏应控制在局部范围内,不致造成次生灾害。

3 大震不倒:罕遇地震下,主体结构不发生倒塌或危及生命的严重破坏;市政管网的损坏不致引发严重次生灾害,经抢修可快速恢复使用。

2.1.2 抗震设防水准

本条规定了各类工程的三级地震动概率水准的最低取值要求,见表1。

表1 建筑与市政工程的各级地震动的超越概率水准

	多遇地震动	设防地震动	罕遇地震动
居住建筑与公共建筑、城镇桥梁、城镇给水排水工程、城镇燃气热力工程、城镇地下工程结构(不含城市地下综合管廊)	63.2%(50年)	10%(50年)	2%(50年)

续表1

	多遇地震动	设防地震动	罕遇地震动
城市地下综合管廊	63.2%(100年)	10%(100年)	2%(100年)

不同于建筑工程和市政桥梁，由于地下综合管廊的设计使用年限为100年，因而其在三水准下的地震动基准期取100年。由此可见，虽然第2.1.1条市政管网和其他工程的设防目标一致，但由于设计使用年限不同，使得它们的抗震设防水准并不相同。

2.2 地震影响

2.2.1、2.2.2 抗震设防烈度

设防地震设计参数的取用，来自新版《中国地震动参数区划图》。目前的第五代区划图《中国地震动参数区划图》GB 18306—2015采用双参数，即基本地震动峰值加速度和基本地震动加速度反应谱特征周期，来表征地震地面运动，同时，为了适应工程抗震设防的需要，还给出了基本地震烈度与基本地震动峰值加速度的对应关系，见表2。

表2 抗震设防烈度和Ⅱ类场地设计基本地震加速度值的对应关系

抗震设防烈度	6	7		8		9
Ⅱ类场地设计基本地震加速度值	$0.05g$	$0.10g$	$0.15g$	$0.20g$	$0.30g$	$0.40g$

各类建筑与市政工程的抗震设防烈度不应低于本地区的抗震设防烈度。

应当指出,表 2 的加速度值对应 50 年重现期超越概率 10%的地震动峰值加速度。如果重现期为 100 年,这个值约提高到 1.4 倍。

2.3 抗震设防分类和设防标准

2.3.1、2.3.2 抗震设防分类和设防标准

建筑按其重要性分为甲(特殊设防类)、乙(重点设防类)、丙(标准设防类)、丁(适度设防类)四类,各类设防标准见表 3。

表 3 各类工程抗震设防标准比较表

设防类别	设防标准	
	抗震措施	地震作用
标准设防类	按设防烈度确定	按设防烈度,根据规范确定
重点设防类	提高一度确定	按设防烈度,根据规范确定
特殊设防类	提高一度确定	按批准的安评结果确定,但不应低于规范
适度设防类	适度降低	按设防烈度,根据规范确定

本规范采取地震作用和抗震措施双重设防标准进行结构的抗震设防。与丙类建筑相比,乙类建筑采取提高一度抗震措施、不提高设防烈度的方法进行抗震设计。从结构设计的目标——安全、经济来说,这种策略适合于地震组合工况为设计控制工况的情况,比如高烈度区的建筑。

对于低烈度区的建筑,如 6 度区的超高层建筑,风荷载为主的组合工况往往为设计控制工况,此时结构会

自然满足中震或大震的性能要求,这种情况下采用提高地震作用的策略不失为一种经济的方法。

这种策略同样适用于其他地震组合工况不起控制作用的情况,如单层工业厂房。即使在高烈度区,单层厂房结构的设计控制工况往往不是地震组合工况,此时由于吊车的存在,吊车组合工况将起控制作用。这时最经济的策略也是提高地震作用。

第1.0.3条合规性要求,指出应满足第2.1.1条抗震设防目标和第2.1.2条抗震设防水准的要求。

实际上,对于不同抗震设防类别的建筑,合规性要求还应包括第2.3.1条和第2.3.2条的抗震设防分类和设防标准的规定。

按表3,仅甲类建筑的地震动参数需由安评确定。实际上,按《防震减灾法》《地震安全性评价管理条例(2019年修正本)》,工程抗震设计的地震动参数均可由经地震局审定的地震安评报告确定。目前,民用建筑乙类及以下建筑不要求做抗震安评,因而其地震动参数可由规范确定。因此,如果有审定(批准)过的地震安评报告,应依《防震减灾法》《地震安全性评价管理条例(2019年修正本)》采用安评结果。

2.4 工程抗震体系

2.4.1 抗震体系基本要求

本条给出了工程结构抗震体系确定的总体原则和基

本要求。

地震力作为作用在结构上的一种水平力作用，要由结构的抗侧力构件承担并经明确合理的传力途径传至基础。抗侧力构件可以同时为抗竖向力构件，也可以是仅承受竖向力的构件，前者如框架结构的梁柱体系，后者如框架-支撑结构的支撑体系。

为实现结构的抗震能力，结构首先要满足承载力要求。结构要具有一定的刚度，以防强震下二阶效应引起破坏。一般来说，高烈度区以弹性结构实现抗震目标是不现实的，合理的方法是结构以延性耗能抵御地震。

结构应避免地震时因部分结构破坏造成整体倒塌或大的破坏。

为提高桥梁结构抗震性能，在汲取历次地震震害教训的基础上，提出防落梁要求，防止地震作用下桥梁结构整体倒塌破坏，切断震区交通生命线。

2.4.2 抗震措施

建筑工程的抗震体系应符合下列规定：

1 结构牢固可靠，结构体系具有一定的鲁棒性。
2 楼、屋盖应具有足够的面内刚度。

以现浇混凝土及装配整体式构成的楼、屋盖，基本上能达到抗规的刚性楼面假定。

轻型屋盖单层厂房，其屋面水平支撑应能保证水平力的传递，并作为屋盖结构的侧向支撑保证屋盖的稳定性。

3 基础应具有良好的整体性和抗转动能力。

基础的设计和施工及维护要与计算假定相符,特别是在后期使用过程中,要保持基础的稳定性,避免因周边开挖等原因造成基础发生移动或转动,导致上部结构破坏。

4 构件连接的设计与构造应能保证节点或锚固件的破坏不先于构件或连接件的破坏。

强节点弱构件为能力设计法的基本要求,适用于以该类方法设计的结构。但对于有些以强度设计法设计的结构,如管桁架,其相关节点的承载力可能低于构件的承载力。

2.4.4 相邻建筑碰撞控制要求

大震时相邻建筑易于碰撞而发生破坏,本条对建筑物之间的伸缩缝、沉降缝、防震缝等结构缝提出防碰撞要求。

缝宽可按大震时两侧结构顶点位移之和考虑,大震侧移可取小震此值的 6 倍。

3 场地与地基基础抗震

3.1 场地抗震勘察

3.1.1 抗震勘察基本要求

地震造成建筑的破坏,场地的原因不容忽视,比如砂性土液化、滑坡等。

抗震勘察应对工程场地的地震稳定性能,如液化、震陷、横向扩展、崩塌和滑坡等,进行评价,并给出相应的工程防治措施建议方案。

3.1.2 地段划分

本条给出地段划分标准,见表4。避开不利地段,当无法避开时应采取有效的抗震措施。对危险地段,严禁建造甲、乙、丙类建筑。

表4 有利、一般、不利和危险地段的划分

地段类别	地质、地形、地貌
有利地段	稳定基岩,坚硬土,开阔、平坦、密实、均匀的中硬土等
一般地段	不属于有利、不利和危险的地段
不利地段	软弱土,液化土,条状突出的山嘴,高耸孤立的山丘,陡坡,陡坎,河岸和边坡的边缘,平面分布上成因、岩性、状态明显不均匀的土层(含故河道、疏松的断层破碎带、暗埋的塘浜沟谷和半填半挖地基),高含水量的可塑黄土,地表存在结构性裂缝等
危险地段	地震时可能发生滑坡、崩塌、地陷、地裂、泥石流等及发震断裂带上可能发生地表位错的部位

3.1.3 场地类别

根据岩石的剪切波速或土层等效剪切波速和场地覆盖层厚度按表5对建设场地进行分类。

表5 各类场地的覆盖层厚度（m）

岩石的剪切波速 V_s 或土的等效剪切波速 V_{se}(m/s)	场地类别				
	I_0	I_1	II	III	IV
$V_s>800$	0				
$800≥V_s>500$		0			
$500≥V_{se}>250$			<5	≥5	
$250≥V_{se}>150$			<3	3~50	>50
$V_{se}≤150$			<3	3~15	15~80	>80

场地分类给出了覆盖层厚度的概念并以此为参数进行场地分类，比美国标准细致。

3.2 地基与基础抗震

3.2.1 天然地基抗震验算

对于天然地基，应采用地震作用效应的标准组合进行抗震承载力验算。地基抗震承载力取地基承载力特征值并考虑调整系数。地基承载力特征值为地基承载力极限值除以2，用的是容许应力的概念。地基抗震承载力调整系数考虑的是地震作用下地基安全度的调整，此系数最大不得超过1.5。

3.2.2 液化判别

砂性土（砂土和粉土）有地震液化问题。

本条规定 7 度及以上地区考虑砂土和粉土的液化，包括确定地基的液化等级；根据液化等级和建筑抗震设防类别，选择合适的处理措施，包括地基处理和对上部结构采取加强整体性的相应措施等。

目前本条给出的液化判别范围和条件为地面下 20m 是否存在饱和砂土和饱和粉土，美国标准此范围为 30m。

3.2.3 液化土和震陷软土中桩的配筋

存在液化和震陷土的地基中，在软硬土交界处土体刚度突变，造成此处对桩的约束刚度突变。其结果与我们通常所说的结构的刚度突变相似，地震作用下此处的桩容易发生弯、剪破坏，因此本条采取构造措施保证桩基安全。

4 地震作用和结构抗震验算

4.1 一 般 规 定

4.1.1 设计地震动参数调整

在发震带区域内,地震作用具有近场效应,此时应将地震动参数进行放大。一般来说,放大的原则是5km内乘以近场系数1.5,10km内乘以近场系数1.25。

但有一点应当注意,第五代区划图对场地地震动参数进行调整时,似乎考虑了这个近场作用。比如近北京的河北燕郊,给出的设防烈度为8度半,即地面加速度为0.3g,对比前期的设防水准,我们有理由认为这个设防地震动参数考虑了近场效应,因而在项目超限审查时可以不考虑这个近场系数。类似情况在其他省市也存在。

4.1.3 重力荷载代表值

计算地震作用时,建筑与市政工程结构的重力荷载代表值应取结构和构配件自重标准值和各可变荷载组合值之和。各可变荷载的组合值系数按表6采用。

表6 组合值系数

可变荷载种类	组合值系数
雪荷载	0.5

续表 6

可变荷载种类		组合值系数
屋面积灰荷载		0.5
屋面活荷载		不计入
按实际情况计算的楼面活荷载		1.0
按等效均布荷载计算的楼面活荷载	藏书库、档案库	0.8
	其他民用建筑、城镇给水排水和燃气热力工程	0.5
起重机悬吊物重力	硬钩吊车	0.3
	软钩吊车	不计入

需要指出的是，表 6 的组合值系数，实为水平地震作用下可变荷载的组合值系数。一般情况下，水平和竖向地震下可变荷载的组合值系数是相同的。但对于某些荷载，如悬挂荷载、可流动荷载等，由于此类荷载在水平地震下具有减震作用，因而其水平和竖向地震下的组合值系数是不同的。比如表 6 中的软钩吊车，其竖向地震组合值系数应该取 1.0。

4.1.4 抗震设计基本要求

各类建筑与市政工程结构的抗震设计应符合下列规定：

1 应进行构件截面抗震承载力验算。
2 应进行抗震变形、变位或稳定验算。
3 应采取抗震措施。

本条给出结构构件抗震验算的范围和设计基本要求。强震下结构和构件进入屈服状态，因而其抗震能力体现在强度和延性的组合，故在满足一定承载能力前提下，要具有弹塑性变形能力。另外，考虑到地震时结构的大变形情况，要对结构稳定性有所保证，比如高规的刚重比要求，以使结构满足地震下二阶效应的稳定要求。

考虑到地震的不确定性和结构地震反应的复杂性，要对结构抗震设计辅以抗震措施要求，包括结构内力调整（承载力要求）和构造措施（延性要求）。

4.2 地震作用

4.2.1 抗震设计计算方法

本条第1、2款指出，可分别采用振型分解反应谱法和时程分析法对结构进行小震下的抗震承载力验算。

一般来说，两种方法是等效的，但有些情况下，时程法更加适用。

一种情况是采用减震的长周期结构。对于不同阻尼比，由于抗规反应谱在长周期6s处交于一点，因此对于自振周期接近6s的结构，用振型分解反应谱法计算将低估减震构件附加阻尼的作用，这时应采用时程法进行抗震计算。

另一种情况是非经典阻尼的情况，包括上钢下混凝土的上下混合结构、隔震结构、大型设备置于楼层的厂房结构以及进行地基、基础、上部结构一体化计算时考虑地基辐射阻尼的结构。

4.2.2 地震影响系数取值

各类建筑与市政工程的水平地震影响系数最大值不应小于表7的规定。

表 7 水平地震影响系数最大值

地震影响	6 度		7 度	8 度		9 度
	0.05g	0.10g	0.15g	0.20g	0.30g	0.40g
多遇地震	0.04	0.08	0.12	0.16	0.24	0.32
设防地震	0.12	0.23	0.34	0.45	0.68	0.90
罕遇地震	0.28	0.50	0.72	0.90	1.20	1.40

表 7 为应用反应谱法进行结构地震反应计算时水平地震影响系数最大值的取值，对应抗规阻尼比 5%、地震基准期 50 年。

4.3 抗震验算

4.3.1 抗震承载力验算

结构构件的截面抗震承载力，应符合下式规定：

$$S \leqslant R/\gamma_{RE}$$

我国的抗震设防是基于设防烈度，因此结构的抗震设计本应验算其在中震（设防烈度）下的地震反应。为简化计算并与设计习惯衔接，本条仍采用小震弹性计算来验算结构构件的承载力以保证结构中震下的设防水准，故上式为结构小震弹性反应谱承载力计算公式。

4.3.2 构件地震组合内力设计值

结构构件抗震验算的组合内力设计值采用地震作用效应和其他作用效应的基本组合值，按下式取值：

$$S = \gamma_G S_{GE} + \gamma_{Eh} S_{Ehk} + \gamma_{Ev} S_{Evk} + \sum \gamma_{Di} S_{Dik} + \sum \psi_i \gamma_i S_{ik}$$

式中的可变荷载组合值系数见表 8，其他参数取值见本规范。

表 8　各荷载分项系数及组合系数

荷载类别、分项系数、组合系数			对承载力不利	对承载力有利	适用对象
永久荷载	重力荷载	γ_G	≥ 1.3	≤ 1.0	所有工程
	预应力	γ_{Dy}			
	土压力	γ_{Ds}	≥ 1.3	≤ 1.0	市政工程、地下结构
	水压力	γ_{Dw}			
可变荷载	风荷载	ψ_w	0.0		一般的建筑结构
			0.2		风荷载起控制作用的建筑结构
	温度作用	ψ_t	0.65		市政工程

由表 8 可见，对于建筑结构，计算构件地震组合内力设计值时，不考虑温度作用；当风荷载起控制作用时，要将风荷载进行组合，组合值系数取 0.2。对于市政工程，计算构件地震组合内力设计值时，要考虑温度作用，组合值系数取 0.65。这一点提醒我们，对于类似市政结构的建筑结构，比如类似桥梁的一个大跨，在两端分别与单体结构相连，形成一个长连体结构，这时就要考虑温度作用。图 1 的长安云项目就是这样的一种结构。

4.3.3　结构地震变形验算

建筑结构抗震从本质上讲应进行设防烈度下的抗震验算。但由第 4.3.1 条可见，本规范是以小震下结构和构件的承载力验算和变形验算来保证其在中震下的抗震能力。

图 1　长安云项目（中国建筑西北设计研究院有限公司设计）

建筑结构进行小震下变形验算的目的是保证结构具有一定的刚度，使其在强震时延性能得到保证并保持结构的稳定。

5 建筑工程抗震措施

5.1 一般规定

5.1.1 建筑方案的概念设计原则

本条可看作结构工程师对建筑师方案设计的概念设计要求。体型规则的建筑有利于实现结构的抗震目标;不规则的建筑应按规定采取加强措施;特别不规则的建筑应进行专门研究和论证,目前的做法是进行超限审查;不应采用严重不规则的建筑方案。

关于规则建筑、不规则建筑、特别不规则建筑和严重不规则建筑的定义见抗规。

5.1.2 抗震结构体系

本条给出混凝土结构、钢结构、钢-混凝土组合结构、木结构四种抗震结构体系。对于其他类型的结构体系,只要符合抗震概念设计,满足抗震设防要求,也是可以采用的。

5.1.3 框架填充墙

框架结构中,填充墙的存在将改变结构的动力特性和构件的受力状况,对结构抗震可能带来不利影响。汶川和玉树地震中,框架结构大量出现楼梯构件及相连主体结构破坏的现象,为此,《建筑抗震设计规范》GB

50011—2010 修订时，专门增加了对框架结构楼梯抗震的若干技术要求。据此，本条规定，对于框架结构，应考虑填充墙、围护墙和楼梯构件的刚度影响，避免不合理设置而导致主体结构的破坏。

5.1.6～5.1.10 隔震设计要求

明确了隔震建筑抗震设计的特殊要求，包括上部结构、隔震层、下部结构以及隔震层与上下部结构的连接构造等基本要求。

5.1.11 消能减震设计规定

本条第2款规定与消能部件相连的梁、柱等结构构件尚应采用罕遇地震下的标准效应组合进行极限承载力验算。

应该说，从大震不倒的角度看，这个规定是合适的。但由于抗震设计的基本目标是实现设防地震下的结构抗震，因而为保证消能部件在地震时能有效发挥作用，与之相连的梁、柱采用能力设计可能更合理些。

5.1.12 非结构构件抗震要求

建筑非结构构件指建筑中除承重骨架体系以外的固定构件和部件，主要包括非承重墙体，附着于楼面和屋面结构的构件、装饰构件和部件、固定于楼面的大型储物架等。

建筑附属机电设备指为现代建筑使用功能服务的附属机械、电气构件、部件和系统，主要包括电梯、照明和应急电源、广播电视设备、通信设备、管道系统、供暖和空气调节系统、烟火监测和消防系统等。

非结构构件和附属机电设备的抗震设计应由相关专业人员承担。

5.2 混凝土结构房屋

5.2.2 塑性铰区

本条规定，框架梁和框架柱的潜在塑性铰区应采取箍筋加密措施。

抗规实行的是小震设计，它的基本假定是设防烈度下结构构件进入塑性，因而为保证结构及构件的延性，在梁、柱端设置箍筋加密区，这一区域也称为塑性铰区。

如果采用性能设计，比如按中震弹性或大震不屈服进行结构和构件的抗震承载力设计，这时框架梁、柱端将不出现塑性铰，表明在设防烈度下结构仍处于弹性状态，此时梁、柱端就不需要箍筋加密。

5.2.3 筒体结构的外框刚度

框架-核心筒结构、筒中筒结构等筒体结构，外框架应有足够刚度，确保结构具有明显的双重抗侧力体系特征。

抗规对于筒体结构双重抗侧力体系的要求，是以地震时内筒构件进入弹塑性后刚度降低，地震力向外框转移为前提。这时如果外框刚度过小，即使按剪力调整增加了外框的抗水平力能力，但由于其按刚度分配的地震力上不去，因而外框起不到双重抗侧力体系中二道防线的作用，其后果是内外筒均发生破坏进而使得整个结构丧失抗震能力。

5.3 钢结构房屋

5.3.1 板件宽厚比

本条指出，钢结构抗震等级应符合表9的规定，并应符合相应的内力调整和抗震构造要求。

表9 丙类钢结构房屋的抗震等级

房屋高度	烈度			
	6	7	8	9
≤50m	—	四	三	二
>50m	四	三	二	一

这里所说的构造要求包括构件的延性要求，对于框架梁就是梁端的板件宽厚比，这一要求在抗规表8.3.2，见表10。

表10 框架梁、柱板件宽厚比限值

	板件名称	一级	二级	三级	四级
柱	工字形截面翼缘外伸部分	10	11	12	13
	工字形截面腹板	43	45	48	52
	箱形截面壁板	33	36	38	40
梁	工字形截面和箱形截面翼缘外伸部分	9	9	10	11
	箱形截面翼缘在两腹板之间部分	30	30	32	36
	工字形截面和箱形截面腹板	$70-120N_b/(Af)$ ≤60	$72-100N_b/(Af)$ ≤65	$80-110N_b/(Af)$ ≤70	$85-120N_b/(Af)$ ≤75

表 11 为将 17 钢标表 3.5.1、表 17.1.4-2、表 17.2.2-1 和表 17.3.4-1 综合得到的框架梁端板件宽厚比等级与性能等级对照表。

表 11　框架梁端板件宽厚比等级与性能等级对照表

设防类别	塑性耗能区最低承载性能等级						
	性能 1	性能 2	性能 3	性能 4	性能 5	性能 6	性能 7
性能系数最小值	1.10	0.90	0.70	0.55	0.45	0.35	0.28
丙类	—	—	V级	Ⅳ级	Ⅲ级	Ⅱ级	Ⅰ级
板件宽厚比限值	—	—	S5	S4	S3	S2	S1
工字形翼缘 b/t	—	—	20	15	13	11	9

从表 11 可见，17 钢标性能 6 的性能系数为 0.35，与抗规小震的地震作用相当。对应于性能 6 的延性等级为Ⅱ级，板件宽厚比等级为 S2，翼缘板件宽厚比为 11。对比表 10 可见，对于工字形截面梁的翼缘，抗规抗震等级一至四级的板件宽厚比限值相当于 17 钢标的 S1 和 S2，均为延性截面。这表明抗规小震设计是以中震时框架梁端出现塑性铰为基本前提的，所以用抗规小震设计无法用到 S3 弹塑性截面和 S4 弹性截面。17 钢标采用考虑性能参数的中震设计方法，在中、低烈度区，可采用高承载力-低延性的抗震设计理念，通过提高地震作用（即性能系数）达到抗震目的。此时，可采用板件宽厚比较塑性截面大的 S3 或 S4 级截面。S4 级截面即为弹性截面，此时框架梁端在设防地震作用下基本处于弹性状态，可不考虑塑性设计。

5.3.2 钢框架构造要求

框架结构以及框架-中心支撑结构和框架-偏心支撑结构中的无支撑框架，框架梁的塑性铰区地震时应保持其耗能能力。据此，除对其上下翼缘的板件宽厚比要求达到塑性截面外，还要求在上下翼缘设置侧向支承或采取其他有效措施达到此目的，以保证翼缘屈服时不发生平面外失稳。

偏心支撑结构的消能梁段应具有良好的耗能能力。为使消能梁段地震时确保进入屈服，要求钢材的屈服强度不能太高，一般规定不大于 355MPa。

钢结构通用规范

1 总 则

1.0.1 编制目的

安全可靠，经济合理，绿色环保。

1.0.2 适用范围

除下列工程外，钢结构工程必须遵守本规范：

1 公路、铁路桥梁；

2 压力容器、化工容器、燃气管道；

3 水利、水工、水运和航道工程。

适用范围如下：

建筑工程：包括各类工业与民用建筑物，以及塔桅、筒仓等构筑物；

市政工程：主要是指城市桥梁，包括过街天桥等。

对于其他行业，本规范可参考使用。

1.0.3、1.0.4 新技术

条文：鼓励符合建筑技术发展方向的新技术应用。创新性的技术方法和措施，应进行论证并符合本规范中有关性能的要求。

条文说明：对于新技术、新措施、新理论的创新应用采取了积极鼓励、推动发展的指导性政策。提出合规性要求，钢结构设计、施工中，无论采取什么样的技术措施和参数，都要保障结构本体达到结构基本性能的要求。

双碳，即碳达峰、碳中和对建筑工程的要求是什么？

如果说建筑工程在其生命周期内特别是使用期保持恒定的碳排放，是双碳对建筑工程的要求，那么我们对结构也提出一个新要求：主体结构震后能够正常使用。

主体结构震后正常使用，可解释为中震下构件保持在 IO 范围之内。

如图 1 所示，框架梁弯矩-转角关系曲线中，IO 相当于梁端塑性转角为弹性转角的 2 倍。

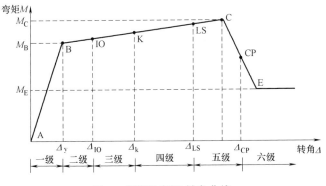

图 1　框架梁弯矩-转角曲线

对于 6 度地区，抗震结构一般能满足主体结构构件中震处于 IO 阶段的要求。

对于 7 度及以上地区，需采用减隔震结构满足主体结构构件中震处于 IO 阶段的要求。

2 基本规定

2.0.1 钢结构设计基本要求

设计工作年限：衡量结构及构件可靠性的时间基准的指标。

安全等级：反映结构重要性的指标，依结构破坏后果的严重性分为三级，分别对应重要结构、一般结构和次要结构。

2.0.2 结构体系

钢结构应根据建（构）筑物的功能要求、现场环境条件等因素选择合理的结构体系。

钢结构体系包括框架、框架-支撑、框架-钢板墙等。低烈度区或地震组合工况不作为控制工况的情况下，结构也可做成单重抗侧力体系，如所谓的支撑框架结构，此时带支撑的框架部分承担水平荷载，不带支撑的纯框架部分仅承受重力荷载。

2.0.3 钢结构性能要求

在设计工作年限内，钢结构应符合下列规定：

1 在施工和使用期间满足承载力要求；

2 具有足够的刚度，满足正常使用；

3 满足达到设计工作年限的耐久性要求；

4 火灾情况下，在规定的时间内满足疏散要求；

5 当发生爆炸、撞击和其他偶然事件时，结构应保持稳固性，不出现与起因不相称的破坏后果。

2.0.4 全寿命周期

本条针对钢结构，规定了在钢结构全寿命周期中应该关注的重要技术措施。

其中第5款规定，"结构及构件、节点、支座等出现超过设计规定的变形和耐久性缺陷时，应及时处理"。

案例1　山水廊

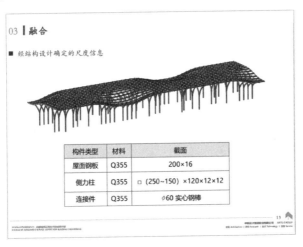

图2　山水廊

图2为山水廊项目，资料由中衡朱寻焱提供。从图3可见，按通常的做法，基础按刚性边界考虑，此时结构屈曲因子为13；而当基础按弹性边界考虑时，屈曲因子只有7，说明支座变形对结构的稳定影响很大。

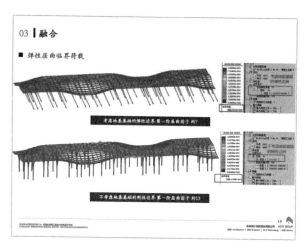

图 3　屈曲分析

案例 2　美国迈阿密住宅

美国当地时间 2021 年 6 月 24 日凌晨，位于迈阿密的一栋 12 层住宅楼发生坍塌。

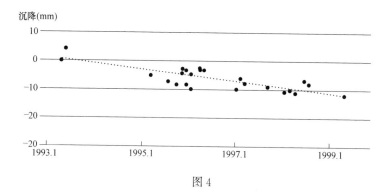

图 4

该大楼建于 1981 年，为底框＋上部平板结构。有报道说，该楼建成后，一直在沉降，每年沉降 2mm

(图4)。从所搜集的资料上看，本楼为瞬间大部分坍塌，始点似为底部楼层。顺着这点进行探究，我们可以对大楼的坍塌做如下猜测：基础沉降使得大楼的边界约束条件发生了改变，致使大楼的整体侧移刚度持续下降，最后刚重比达到稳定极限导致结构局部或整体失稳而发生倒塌破坏。

3 材 料

3.0.1 钢材

钢结构工程所选用钢材的牌号、技术条件、性能指标均应符合国家现行有关标准的规定。这里所说的国家现行有关标准包括《钢结构设计标准》GB 50017—2017，其规定的钢材选自下列钢材标准：

1　《碳素结构钢》GB/T 700；

2　《低合金高强度结构钢》GB/T 1591；

3　《建筑结构用钢板》GB/T 19879。

未列入17钢标的钢材，如采用需按17钢标相关规定执行。

3.0.2 钢材性能指标

钢材的抗拉强度是衡量钢材抵抗拉断的性能指标；断后伸长率是衡量钢材塑性性能的指标；屈服强度是衡量结构的承载能力和确定强度设计值的重要指标；冷弯试验是衡量钢材塑性的指标；硫、磷对钢材的力学性能和焊接接头的裂纹敏感性都有较大影响，硫形成的硫化铁会产生热脆，磷会产生冷脆；碳当量决定钢结构的焊接性能，当碳当量超过0.45%时，焊接性能变差；冲击韧性表示钢材在冲击荷载作用下抵抗变形和断裂的能力，材料的冲击韧性值随温度的降低而减小。

据此，本条要求，承重结构所用的钢材应具有屈服强度、抗拉强度、断后伸长率和硫、磷含量的合格保证；对焊接结构尚应具有碳当量的合格保证；焊接承重结构以及重要的非焊接承重结构采用的钢材应具有冷弯试验的合格保证；低温使用环境下及直接承受动力荷载或需验算疲劳的构件所用钢材尚应具有冲击韧性的合格保证。

3.0.3 钢材强度设计值

按极限状态设计方法进行结构强度与稳定计算时，钢材强度应取钢材的强度设计值，此值由钢材的屈服强度标准值除以钢材的抗力分项系数求得。

抗力分项系数由概率统计方法得到，具体计算方法可参见 17 钢标。

4 构件及连接设计

4.1 普通钢构件

4.1.1、4.1.2 轴压构件稳定

轴心受压构件稳定性验算包括杆件整体稳定和板件局部稳定。

整体稳定，也叫整体屈曲，包括弯曲屈曲、扭转屈曲和弯扭屈曲。

对于截面形心与剪切中心重合的杆件，比如双轴对称杆件，一般发生弯曲屈曲，如截面扭转刚度差，杆件也可发生扭转屈曲。对于截面形心与剪切中心不重合的杆件，比如单轴对称杆件，发生弯扭屈曲。

局部稳定，也叫局部屈曲。

整体屈曲与局部屈曲存在关联耦合作用。为简化，17钢标不直接考虑这种耦合，即在计算方法上将整体屈曲和局部屈曲分别考虑。局部屈曲可以考虑屈曲后强度，这时杆件的整体稳定承载力会提高。

格构式轴心受压构件，要求柱肢屈曲承载力大于构件整体屈曲承载力。

4.1.4 梁整体稳定

侧向弯扭未受约束的受弯构件，会发生弯扭失稳，此时，应进行侧向弯扭失稳承载力验算。构件弯扭失稳计算公式基于支座截面不发生扭转，因此在构件约束端应采取措施保证截面不发生扭转。

4.1.6 压弯构件稳定

实腹压弯构件，要进行弯矩作用平面内和弯矩作用平面外的整体稳定验算。当弯矩作用在对称轴平面内时，其弯矩作用平面内的稳定性按最大强度理论进行分析，弯矩作用平面外的稳定性应依据屈曲理论进行分析。

拉弯构件当拉力很小而弯矩相对较大时，因截面可能出现压应力构件也可能发生失稳。

4.2 冷弯钢构件

4.2.1 扭转计算

本条要求，轴心受拉构件应进行强度验算。

《冷弯薄壁型钢结构技术规范》GB 50018—2002 第 5.1.2 条指出，计算轴心受拉构件的强度时，若轴心力不通过截面弯心，则轴心力将对杆件产生扭转，此效应以双力矩方式考虑，此时受拉构件将处于拉、扭组合的复杂受力状态，其强度应按下式计算：

$$\sigma = \frac{N}{A_n} \pm \frac{B}{W_\omega} \leqslant f$$

上式中第 2 项翘曲应力有时占到总应力的 30% 以上，在这种情况下，不计双力矩 B 的影响是不安全的。

但是，双力矩 B 及截面弯扭特性的计算比较繁杂。为了简化设计计算，对于闭口截面、双轴对称开口截面等轴心受拉构件，可不计双力矩的影响。

4.2.3 风吸力影响

刚架、檩条和墙梁设计时，应考虑风吸力的影响。

冷弯型钢门式刚架结构自重小，在风吸力作用下，刚架梁下翼缘可能受压而出现刚架平面外弯扭失稳。为此，通常在刚架梁下翼缘处设置隅撑与檩条相连作为其侧向支承点。

4.3 不锈钢构件

4.3.1 材料

不锈钢结构材料应根据结构的安全等级、设计工作年限、工作环境、耐腐蚀要求、表面要求等因素选用。

《不锈钢结构技术规程》CECS 410：2015 第 3.1.1 条条文说明：

不锈钢的品种很多，在五大类不锈钢中，马氏体不锈钢和沉淀硬化不锈钢因其焊接及冷加工性能差，在结构工程中无法应用。铁素体不锈钢在国外已有许多应用实例，但在国内使用经验和工程数据较少，本规程暂未列入。本规程中给出的适用于一般结构用途的不锈钢是奥氏体不锈钢和双相型不锈钢。

4.3.3 不锈钢耐蚀性

不锈钢构件采用紧固件与碳素钢及低合金钢构件连

接时，应采用绝缘垫片分隔或采取其他有效措施防止双金属腐蚀，且不应降低连接处力学性能。不锈钢构件不应与碳素钢及低合金钢构件进行焊接。

说明：保持不锈钢结构整体的耐腐性是不锈钢结构设计的关键。由于不锈钢构件和碳素钢及低合金钢构件接触会发生电化学腐蚀，因此不允许不锈钢与低合金钢构件和碳素钢直接焊接或接触。当接触不可避免时，应采取非金属材料进行隔离。

4.4 钢结构连接

4.4.1 计算模型

连接和连接件的计算模型应与连接的实际受力性能相符合，并应按承载力极限状态和正常使用极限状态分别计算和设计单个连接件。

钢结构焊缝和螺栓连接一般处于复杂应力状态，精确计算连接的应力和破坏过程很困难，世界各国规范在规定钢结构连接计算方法时都引入了各种假定，用简化方法计算连接的承载力。因此要强调计算方法和设计假定尽量符合连接的实际工作状况，以保证计算结果的合理性。本条的规定是保证钢结构连接满足安全性和适用性的前提条件。

4.4.2 高强度螺栓连接受剪承载力

高强度螺栓按受力方式分为摩擦型和承压型。高强度螺栓摩擦型的受剪承载力由连接板间的摩擦力直接提供；高强度螺栓承压型的受剪承载力需考虑两方面因素：高强度螺栓螺杆受剪承载力和螺栓孔壁处连接板受压承载力。

4.4.6 不能用于有疲劳要求的焊缝

塞焊、槽焊接头构造有明显的应力集中趋势，电渣焊、气电立焊焊接接头的金相组织和塑性、韧性很难满足与母材等强、等韧性要求，这四类焊接接头形式和焊接工艺无法满足需经疲劳验算的结构承载能力要求。

4.5 疲 劳

4.5.1 疲劳验算

直接承受动力荷载重复作用的钢结构构件及其连接，当应力变化的循环次数大于5万次时，应进行疲劳计算。

1 动力荷载

直接承受动力荷载重复作用的钢结构，包括工业厂房吊车梁、有悬挂吊车的屋盖结构、桥梁、海洋钻井平台、风力发电机结构、大型旋转游乐设施等，不包括地震作用。

地震作用属低周大变形，与疲劳验算的高周小变形是不同的两类。

风洞试验厂房，承受重复风荷载作用，也需验算疲劳。

2 构件、连接

疲劳按部位分为构件和连接，见17钢标附录K。

附录K 疲劳计算的构件和连接分类：

K.0.1 非焊接的构件和连接；

K.0.2 纵向传力焊缝的构件和连接；

K.0.3 横向传力焊缝的构件和连接；

K.0.4 非传力焊缝的构件和连接；

K.0.5 钢管截面的构件和连接；

K.0.6 剪应力作用下的构件和连接。

疲劳计算应力幅参数见17钢标表16.2.1-1、表16.2.1-2，列于表1、表2。

表1 正应力幅的疲劳计算参数

构件与连接类别	构件与连接的相关系数 C_Z	β_Z	循环次数 n 为 2×10^6 次的容许正应力幅 $[\Delta\sigma]_{2\times10^6}$ (N/mm²)	循环次数 n 为 5×10^6 次的容许正应力幅 $[\Delta\sigma_L]_{5\times10^6}$ (N/mm²)	疲劳截止限 $[\Delta\sigma_L]_{1\times10^8}$ (N/mm²)
Z1	1920×10^{12}	4	176	140	85
Z2	861×10^{12}	4	144	115	70
Z3	3.91×10^{12}	3	125	92	51
Z4	2.81×10^{12}	3	112	83	46
Z5	2.00×10^{12}	3	100	74	41
Z6	1.46×10^{12}	3	90	66	36
Z7	1.02×10^{12}	3	80	59	32
Z8	0.72×10^{12}	3	71	52	29
Z9	0.50×10^{12}	3	63	46	25
Z10	0.35×10^{12}	3	56	41	23
Z11	0.25×10^{12}	3	50	37	20
Z12	0.18×10^{12}	3	45	33	18
Z13	0.13×10^{12}	3	40	29	16
Z14	0.09×10^{12}	3	36	26	14

注：构件与连接的分类应符合本标准附录K的规定。

表 2 剪应力幅的疲劳计算参数

构件与 连接类别	构件与连接的 相关系数		循环次数 n 为 2×10^6 次的容许剪应力幅 $[\Delta\tau]_{2\times 10^6}$ (N/mm²)	疲劳截止限 $[\Delta\tau_L]_{1\times 10^8}$ (N/mm²)
	C_J	β_J		
J1	4.10×10^{11}	3	59	16
J2	2.00×10^{16}	5	100	46
J3	8.61×10^{21}	8	90	55

注：构件与连接的类别应符合本标准附录 K 的规定。

3 应力循环次数

目前 17 钢标考虑疲劳计算的应力重复循环次数为 5 万次以上，系参考了国外标准的规定及国内钢结构应用的经验。通常说的循环次数 200 万次容许应力幅为名义概念，是为方便计算吊车梁疲劳之用，并不是说疲劳的实际循环次数是 200 万次。

4.5.2 结构工作温度

对于需进行疲劳验算的构件，其所用钢材应具有冲击韧性的合格保证。

17 钢标第 4.3.3 条条文说明：规定了选材时对钢材的冲击韧性的要求，针对低温条件和钢板厚度作出更详细的规定。

由于钢板厚度增大，硫、磷含量过高会对钢材的冲击韧性和抗脆断性能造成不利影响，因此承重结构在低于－20℃环境下工作时，钢材的硫、磷含量不宜大于 0.030％；焊接构件宜采用较薄的板件；重要承重结构的受拉厚板宜选用细化晶粒的钢板。

在室外工作的构件,结构工作温度可按国家标准《采暖通风与空气调节设计规范》GB 50019—2003 的最低日平均气温采用。对于室内工作的构件,如能确保始终在某一温度以上,可将其作为工作温度。

4.5.3 高强度螺栓承压型连接

高强度螺栓承压型连接不应用于直接承受动力荷载重复作用且需要进行疲劳计算的构件连接。

此条基于以下考虑:因承压型连接允许接头滑移,并有较大变形,这种变化会带来结构刚度的改变从而引起结构内力的变化。当结构承受动力荷载时,应力幅的存在对需进行疲劳验算的结构构件会造成损坏,故此种情况下要求不应采用承压型连接。

目前国外有一种趋势,在无需验算疲劳的地方,以高强度螺栓承压型取代摩擦型,这一点值得国内工程界考虑。

4.5.4 栓焊并用

栓焊并用连接应按全部剪力由焊缝承担的原则,对焊缝进行疲劳验算。

此处的栓焊并用指高强度螺栓摩擦型与焊缝共同承担剪力。但在进行此处的疲劳验算时,应力幅应全部由焊缝承担。

综合国内外相关标准和研究文献以及试验研究结果表明,高强度螺栓摩擦型连接与焊缝能较好地共同工作,栓焊并用连接的承载力要高于单独螺栓或焊接连接的承载力，为了偏于安全，故作出本条规定。

4.6 构造要求

4.6.1 支撑

钢结构的支撑，在框架-支撑结构中，主要用于增加结构水平刚度，承担水平力，并调节结构的抗扭刚度。

支撑设计要点：

1 多高层

多高层框架-支撑结构为双重抗侧力体系，支撑作为第一道防线起到主要耗散地震能量的作用。支撑一般沿结构双向布置，并设置在结构的边部，以增加结构的抗扭刚度。由于多高层建筑长度方向一般不是很长，因而温度应力不是主要问题，单支撑设置时要避免沿一个方向的支撑同时失效（屈曲或屈服），而在地震时造成结构刚度减少过大。

2 单层厂房

单层工业厂房通常沿纵横两个方向的尺度较大，因而要考虑温度应力问题。17钢标表3.3.5给出了厂房不考虑温度应力的温度区段长度值，这时对沿厂房纵向的支撑设置要加以限制。与多高层将支撑设置在建筑两端不同，厂房纵向支撑要设置在中部，以减小温度应力。

单层厂房目前多采用轻型屋盖体系，结构体系不符合刚性屋盖假定，要按弹性屋盖计算；且厂房纵横向尺度大，结构的整体性及抗扭要求不突出。因而沿厂房纵向支撑的设置主要是抵抗水平力作用，水平力包括风、地震产生的作用和吊车纵向水平刹车力。

3 大跨

大跨度结构通常情况下抗扭刚度弱，支撑的作用除承担水平力外，还有一个很重要的作用是调节并增加结构的抗扭刚度。同时，大跨度结构的温度应力较大，支撑的设置会增加对结构的约束，增加温度应力。因而对于大跨度结构，支撑的设置需进行多方案比较，经综合考虑后加以选择。

4.6.2 长细比

控制压杆长细比是为保证杆件具有一定的承载力，且保证一定的经济性，因而压杆长细比与结构的受力状态、包括受地震作用的情况有关。尤其当杆件地震下进入塑性后，变形增大，二阶效应显著，这时对压杆长细比限值就要严控。

抗规第 8 章为多高层钢结构，其框架柱受轴压力大。第 8.3.1 条对框架柱给出的长细比限值，一至四级框架为 $(60\sim120)\varepsilon_k$，正是基于上述考虑。

实际上，对于某些单层钢结构来说，柱轴力不大，柱断面由长细比控制，这时如采用抗规第 8.3.1 条的长细比要求，就会显得过于保守。

图 5 为"特洛伊"马秀剧场，DS 工作室设计，结构体系为单层大跨结构，由周边框架-支撑＋圆形屋盖

组成。图 6 为柱承载力计算结果，由直接分析法得到柱截面可选用 $\phi 380 \times 12$。

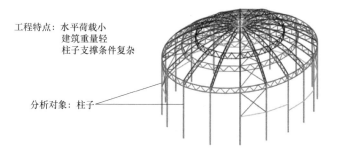

图 5 "特洛伊"马秀剧场

本工程柱子理论最小截面为 $\phi 380 \times 12$（按正常荷载+直接分析法设计）

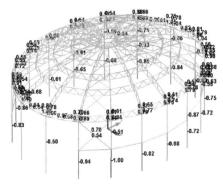

图 6 柱承载力计算

图 7 显示了不同柱截面下承载力情况。由计算可知，选用 $\phi 380 \times 12$ 的钢管可满足承载力要求，但此时柱长细比为 121。按抗规，该结构为抗震等级三级，柱长细比限值为 83，此时应至少选用钢管截面为 $\phi 700 \times$

20,对于这种演艺项目未免太大了。但能否选用 $\phi 380 \times 12$ 的钢管呢?

抗规:
8度,建筑高度39.2m,小于50m,抗震等级为三级。
框架柱长细比限值为
$100\sqrt{235/f_y} = 100\sqrt{235/345} = 82.50$

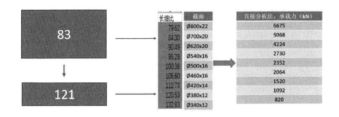

图 7　柱长细比与承载力对比

图 8 为美国标准柱子曲线,弹性段与弹塑性段柱长细比的分界点为 113。因而长细比为 121 的柱位于弹性

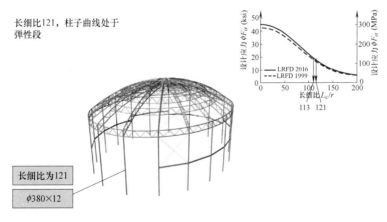

图 8　美国标准柱子曲线

段，不会出现弹塑性失稳。对于这种单层、轴压力小的处于弹性屈曲范围的柱，不同于抗规的多高层处于弹塑性范围的柱，其二阶效应明确且易于控制，其截面的选择可不按抗规的长细比要求执行。

4.6.3　焊缝尺寸

工程中不应任意加大焊缝尺寸，应避免焊缝密集交叉，否则会增大焊接残余应力，产生层状撕裂，造成焊缝的安全隐患。

塞焊、槽焊、电渣焊和气电立焊的热输入大，会在接头区域产生过热的粗大组织，导致焊接接头塑韧性下降，对于需进行疲劳验算的钢结构将达不到焊接质量要求，故此条应严格执行。

4.6.4　构造措施

规范所给出的构造措施是经验的总结。当设计能满足本规范的构造要求时，不需要进行验算，不能满足或对于新型结构缺乏实际经验时，应通过计算分析和试验验证保证构造措施满足安全要求。

5 结构设计

5.1 门式刚架轻型房屋钢结构

5.1.2 门式刚架结构体系

门式刚架为平面受力体系，平面外应设置完整的水平支撑和竖向支撑，形成完整的结构体系。

支撑体系增强门式刚架的平面外刚度，并具有以下作用：平面刚架与支撑一起组成几何不变的空间稳定体系；提高其整体刚度，保证刚架的平面外稳定性；承担并传递纵向水平力；以及保证安装时结构的整体性和稳定性。

5.1.4 门式刚架的施工

门式刚架在安装过程中，应结合结构体系，设置一定的临时支撑和措施，保证施工期间结构的稳定性。应及时安装屋面水平支撑和柱间支撑，需要时设置临时稳定缆风绳，保证每一施工步完成时，结构保持稳定。安装过程中形成的临时空间结构稳定体系应能承受结构自重、风荷载、雪荷载、施工荷载以及吊装过程中冲击荷载的作用。

5.2 多层和高层钢结构

5.2.1 二道防线与双重抗侧力体系

地震时结构构件会进入塑性。对于超静定结构来讲，随着屈服构件的增多，超静定结构将逐渐趋于静定结构直至形成机构倒塌破坏。从这个角度讲，超静定结构的每一次构件进入塑性就是一道抗震防线，因而一个超静定结构具有多道防线。但从能力设计法来讲，我们通常将一类构件作为一道防线，比如框架结构，按强柱弱梁设计，框架梁为第一道防线，框架柱为第二道防线，从而使框架形成一个具有二道防线的抗震体系。

如果将框架加上支撑，则形成一个由有支撑部分的支撑框架和无支撑部分的纯框架两个抗侧力体系组成的框架-支撑结构，即一个双重抗侧力体系。一般来说，对于框架-支撑结构，支撑在地震时先进入屈服（屈曲）状态，为第一道防线，框架是第二道防线。

由此可见，双重抗侧力体系强调的是不同结构体系发挥抗侧力作用的先后顺序，二道防线更侧重于说明同一结构体系内不同类型构件屈服的先后顺序。

5.2.2　结构计算

结构计算，在竖向荷载、风荷载及多遇地震作用下，结构的内力和变形采用弹性方法计算；罕遇地震作用下，结构的弹塑性变形可采用弹塑性时程分析法或静力弹塑性分析法计算。

结构计算应考虑构件的所有变形。

5.2.3　结构稳定分析

结构稳定问题本身是个极值失稳问题，故在设计标准中通常用二阶效应限值来保证结构的稳定性。

可以证明，结构二阶效应系数为屈曲因子的倒数，因而结构稳定也可按分叉失稳考虑，由屈曲因子限值来保证。

高规刚重比 1.4 的限值对应着抗规小震设计，其地震作用相当于中震的 1/3，考虑的是在设防烈度下结构以 1/3 中震承载力进入屈服后结构的稳定能力。此时，对于弹性计算，二阶效应系数取 0.1，相当于屈曲因子为 10。高规重力荷载取设计值，因而此时实际屈曲因子为 12.5。

结构的二阶效应系数限值与结构类型和受力有关。处于低烈度区的多高层结构和大跨度结构，一般情况下地震组合工况不为设计控制工况，此时结构的二阶效应限值可取 0.25，这正是 17 钢标的相应取值，对应于屈曲因子 4.0。

5.2.4 高层钢结构抗震设计

1 应对结构的构件和节点部位产生塑性变形的先后次序进行控制，并应采用能力设计法进行补充验算。

为保证结构体系具有良好的变形能力，结构抗震设计引入能力设计法，使得容易导致结构出现脆性破坏的部位具有较高的强度而不会破坏，让塑性变形出现在变形能力好的构件和部位。

对于地震组合工况不为控制工况的结构，可用强度设计法计算构件和节点的承载力。

2 钢框架柱和支撑构件的长细比限值，梁、柱和支撑的板件宽厚比限值,应与不同构件的抗震性能目标相适应。

抗震结构需要通过构件的塑性变形来削减输入结构的地震作用,通常钢梁的梁端要形成塑性铰,故对其截面宽厚比限值要求较严;满足强柱弱梁要求的框架柱可以适当放宽要求。

5.2.6 多高层结构刚度

条文:在正常使用条件下,多层和高层钢结构应具有足够的刚度。

中国设计标准刚度要求,主要包括层间位移角限值和刚重比,辅助的还有自振周期。

钢结构层间位移角限值为1/250,包括风荷载和小震作用下的验算。一般来说,钢框架满足层间位移角限值要付出增加用钢量的代价,加支撑后形成框架-支撑结构是一个很好的解决方案。故8度区,层数超过6层的钢结构,建议选用钢框架-支撑体系。

刚重比是衡量结构稳定能力的指标。由于它考虑的是重力荷载,故并未直接反应水平荷载(主要是地震作用)的存在及其量值因素。实际上,按美国标准,高烈度区屈曲因子限值为8,相当于刚重比1.1;低烈度区屈曲因子限值为4,相当于刚重比0.6。因此,高钢规刚重比限值0.7(转换成荷载标准值为0.875)似略显不足。

自振周期是衡量结构刚度的辅助指标,这里所说的结构刚度为对应弯曲变形的刚度，故自振周期为对应第一弯曲变形振型的周期。

对于结构的自振周期，无论是混凝土结构还是钢结构，均有一些经验公式。这些公式来源于对既有建筑的总结和归纳，因而更多反映的是对过去经验的总结，一般来讲偏重于经济性。对于钢结构，自振周期中国标准的经验公式为 $(0.1\sim0.15)n$，n 为层数；日本标准为 $0.03H$，H 为结构总高度。这些经验公式仅对一定层数或高度的结构适用，对于过低（低层或多层）或过高（超高层）的钢结构，这些公式算出的结构周期会不准确。

最后一个问题，层间位移角、刚重比、自振周期哪个更能代表结构刚度？

这的确是一个见智见仁的问题。一般来说，自振周期是经验公式，仅供参考。刚重比未考虑地震作用的强弱，仅对应抗规延性设计的情况。层间位移角限值对应于水平力，能比较客观地反映对结构刚度的要求。

但应当注意，结构刚度的要求从本质上说并不是结构设计的根本要求，而是辅助要求。如能准确地计算出结构在生命周期内的承载力要求，刚度就显得不那么重要了。

5.3 大跨度钢结构

5.3.1 计算模型

大跨度钢结构指跨度超过 60m 的钢结构，可采用桁架、刚架或拱等平面结构或网架、网壳、悬索结构和索膜结构等空间结构。空间结构的受力性能受支座约束条件的影响较大，因此进行结构计算时应考虑其下部结构的变形情况，建立整体模型进行计算。

5.3.2 雪荷载

在雪荷载较大的地区，大跨度钢结构设计时应考虑雪荷载不均匀分布产生的不利影响，当体形复杂且无可靠依据时，应通过风雪试验或专门研究确定设计用雪荷载。

大跨度钢结构的屋盖面积较大，且往往呈现高低错落的复杂造型，易导致雪荷载不均匀堆积。近年来，因积雪造成的屋盖结构局部破坏甚至整体倒塌事故屡有发生。灾害调查分析表明，在设计阶段对雪荷载作用估计不足是重要原因之一。因此在设计时应予以足够重视，从构造和计算分析两方面予以保证。

5.3.3 大跨稳定分析

条文：对拱结构、单层网壳、跨厚比较大的双层网壳以及其他以受压为主的空间网格结构，应进行非线性整体稳定分析。结构稳定承载力应通过弹性或弹塑性全过程分析确定，并应在分析中考虑初始缺陷的影响。

空间网格规程要求对上述大跨钢结构进行极值失稳计算，在考虑1/300跨度的初挠度初始缺陷的情况下，单非安全系数不小于4.2，双非安全系数不小于2.0。

空间网格规程上述规定是中国标准的独创，对大跨钢结构乃至钢结构的稳定计算起到很好的引领和推动作用。但该规范未给出大跨结构对应分叉失稳的屈曲因子限值。

案例，图9音乐广场，土人设计，整个建筑由5片独立的钢拱架组成。其中1、3、5号为双拱，屈曲因子6.7~10.5；2、4号为单拱，屈曲因子4.2~4.7。

图9 音乐广场

图10为2号拱一阶屈曲模态，为平面外失稳。由表3可见，2号拱面外（Y方向）屈曲因子只有4.2。

表3 2号拱屈曲因子

2号钢拱架	模态方向	X+	X−	Y+	Y−
	施加荷载	D+L+WY	D+L+WX	D+L+WX	D+L+WY
	屈曲因子	8.99589	9.01911	4.20555	4.19808
	二阶效应系数	0.11	0.11	0.24	0.24

问题：当结构满足几何非线性（单非）弹性极限承载力系数4.2，几何和材料非线性（双非）弹塑性极限

承载力系数 2.0，屈曲因子需满足多少合适？

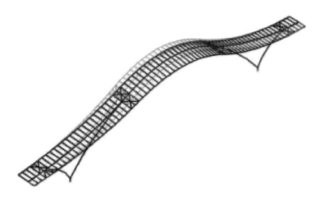

图 10　2 号拱一阶屈曲模态

5.3.4　抗震计算

抗震设防烈度为 8 度及以上地区的网架结构和抗震设防烈度为 7 度及以上地区的网壳结构应进行抗震验算。当采用振型分解反应谱法进行抗震验算时，计算振型数应使各振型参与质量之和不小于总质量的 90%。对于体形复杂的大跨度钢结构，抗震验算应采用时程分析法，并应同时考虑竖向和水平地震作用。

通常情况下，采用振型分解反应谱法进行大跨度钢结构的抗震验算，以时程分析法进行补充验算。对于体形复杂的大跨度钢结构，可直接采用时程分析法进行抗震验算，虽然这不符合抗规和空间网格规程的意图。

网架的水平刚度大，其振动以竖向振动为主，7 度及以下地区地震工况不是受力控制工况。网壳的水平刚度低于网架，7 度及以上地区需进行抗震验算。

5.4 塔桅钢结构

5.4.1 风荷载

对于处于地形条件复杂区域或几何形状复杂的塔桅钢结构，抗风设计参数应通过风洞试验或数值模拟确定。

塔桅钢结构对风敏感高，多为镂空钢结构，荷载规范难以适用，宜通过风洞试验确定风荷载。

5.4.2 覆冰荷载

设计覆冰区的电视塔、无线电塔桅和输电塔等类似结构时，应考虑结构构件、架空线、拉绳表面覆冰后引起的荷载及挡风面积增大的影响和不均匀脱冰时产生的不利影响；对输电塔结构还应考虑覆冰引起的断线张力作用。

因覆冰引起的塔桅钢结构特别是输电线路事故每年多达数十次，2008年我国中部出现了50年一遇的特大覆冰灾害，造成10多个省部分电力供应中断，灾后重建花费了100多亿元。设计时充分考虑覆冰荷载的影响，可以最大限度地减少类似事故的发生。

5.4.3 防腐

塔桅钢结构应进行长效防腐蚀处理。

绝大部分塔桅钢结构都是外露在大气中，大气环境腐蚀影响较大。由于维护费用问题突出，故目前对高耸结构一般均作长效防腐蚀处理。镀锌是目前通用的选择,全寿命维护费用低。目前电力、广电、通信领域的塔桅钢结构采用的是热浸锌防腐,效果很好。

其他长效防腐方法如氟碳涂层法、无机富锌涂层法等均有较好的应用前景,但尚需经过实际工程检验。

5.4.5 风电塔疲劳

风力发电塔因疲劳发生破坏,每年都有若干起。目前每年有上万座风力发电塔建成,需维护的风塔的数量急剧增大,所以疲劳问题已成为风电发展中的重要问题。风电塔的疲劳问题主要是钢筒焊缝热影响区的母材疲劳问题和法兰连接螺栓的疲劳问题。

风是动荷载,有两个特点:一是不同回归期的风荷载变化大,这使得风荷载的取值是个问题,是取 10 年风、30 年风还是 50 年风,是取变幅疲劳还是折算成常幅疲劳;二是构件应力幅的次数与风荷载频率的对应关系,即风荷载的一次循环不一定造成应力幅的一次变化,那么应力循环次数如何取值。这两个问题需作专门研究。

5.5 钢筒仓结构

5.5.2 荷载

钢筒仓荷载与作用应包括下列四类:

1 永久荷载:结构自重,其他构件及固定设备重;

2 可变荷载:贮料荷载、楼面活荷载、屋面活荷载、雪荷载、风荷载、可移动设备荷载、固定设备中的活荷载及设备安装荷载、积灰荷载、钢筒仓外部地面的堆料荷载及管道输送产生的正负压力；

3 温度作用；

4 地震作用。

钢板筒仓为工业生产用特种结构，可变荷载如贮料荷载长期作用在筒仓结构上，对筒仓结构产生较大的应力；环境温度的变化会引起结构材料的热胀冷缩，对筒仓结构产生较大的温度应力；当发生地震时，筒仓的贮料等荷载会对筒仓结构产生较大的动荷载，对筒仓的作用力较大。

5.5.3 贮料内摩擦角

计算贮料荷载时，应按对结构产生最不利作用的贮料品种参数计算贮料重力流动压力，并应包括作用于仓壁上的水平压力、作用于仓底或漏斗顶面处的竖向压力和作用于仓壁上的总竖向摩擦力。计算贮料对波纹钢板仓壁的摩擦作用时，应取贮料的内摩擦角。

不同品种的贮料，对筒仓壁的侧压力计算参数和摩擦力计算参数不同，对筒仓壁的荷载作用效应差别较大。因此，应采用对结构产生最不利作用的贮料品种的参数计算。波纹钢板钢筒仓卸料时，贮料与仓壁间的相对滑移面并不完全是波纹钢板表面，位于钢板外凸波内的贮料与仓内流动区内的贮料之间也发生相对滑移。由于采用贮料的内摩擦角计算得到的贮料对仓壁的摩擦力比采用贮料对平钢板的外摩擦角时大，故在考虑贮料对仓壁的摩擦作用时，基于安全的考虑，取贮料对平钢板的内摩擦角进行计算，以求得在最不利工况下的内力设计值。

5.5.5 钢筒仓承载力计算

钢筒仓应进行下列承载能力极限状态下的计算：

1 结构构件及连接强度、稳定性计算；
2 钢筒仓整体抗倾覆计算、稳定计算；
3 钢筒仓与基础的锚固计算。

工程事故揭示，筒仓的破坏包括构件连接破坏、单个构件失稳、整体倾覆、整体失稳。空仓时风荷载作用下或满仓时地震作用下筒仓与基础连接处锚固螺栓破坏，进而引起筒仓整体倒塌也是较常见的破坏类型。

5.6 城市钢桥

5.6.1 钢桥设计

本规范中钢结构桥梁是指城市道路桥梁、轨道桥梁、人行天桥等钢结构桥梁。

钢结构桥梁设计应选择合理的结构形式；应对构件在制造、运输、安装和使用过程中的强度、刚度、稳定性和耐久性，及使用期内的养护、管理等提出要求；构造与连接应便于制作、安装、检查和维护。

随着休闲、旅游业的发展需求，对人行桥的造型要求越来越高，这使得钢结构景观桥成为一类需求高的桥梁类型。

图 11 为上海临港一景观桥,由 DS 工作室完成结构设计。

图 11　无限桥

经计算,舒适度不满足要求(图 12)。安装 TMD(图 13)后,舒适度满足要求。

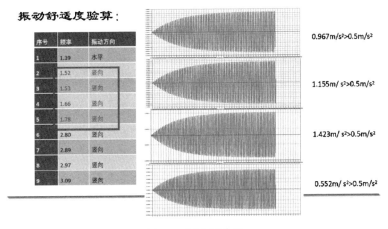

图 12　舒适度计算

5.6.3　钢桥抗倾覆

上部结构采用整体式截面的梁式桥,承载能力极限状态下,结构应具有足够的抗倾覆性能。

近年来相继发生了多例简支梁、连续梁桥整体横向倾覆直至垮塌的事故。表现为桥梁上部结构的单向受压

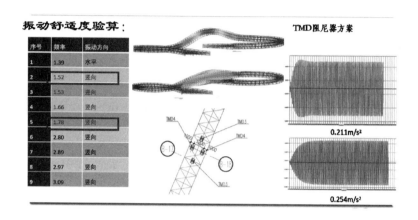

图 13 TMD 阻尼器

支座脱离,支承体系不再为上部结构提供有效约束,造成上部结构失稳,以至垮塌。桥梁上部结构的约束边界条件是桥梁持久状况的基本条件,国内外相关规范基本采用严格控制边界条件的改变作为抗倾覆验算工况。

5.6.4 钢桥疲劳

承受汽车和轨道交通荷载的钢结构桥梁构件与连接,应按疲劳类别进行疲劳验算。

对于桥梁结构,汽车荷载是导致疲劳破坏的主要因素,特别是正交异性桥面板结构。近年来钢结构桥梁出现的病害大多与此相关。为减少钢结构桥梁在汽车荷载作用下导致的疲劳破坏,故在本规范中对车辆荷载作用下的钢桥疲劳验算进行了规定。

6 抗震与防护设计

6.1 抗震设计

6.1.1 强节点弱构件

本条第 2 款指出,钢结构的抗震设计应保证连接节点不先于构件破坏。

本条第 2 款,为强节点弱构件要求,属抗震设计的能力设计法范畴。因此,对于地震时进入屈服的结构,此条是适用的。

有些情况下,无需做到强节点弱构件,包括:

1 低烈度区结构,或一些中、高烈度区结构如单层厂房,地震组合工况通常不为设计控制工况,此时可按强度设计法进行节点设计;

2 一些特殊的节点部位,如框架梁柱节点域,采用节点域剪切屈服与框架梁翼缘弯曲屈服同时发生,详见17钢标第17章。

6.1.4 强连接弱构件

钢结构抗震构件塑性耗能区连接的极限承载力,应大于与其相连构件充分发生塑性变形时的承载力。

本条主要为了保证在地震作用下构件充分发展塑性变形时,构件的连接不应破坏。

可见,本条的出发点是结构在地震作用下进入塑性,因而常用强连接弱构件的能力设计法进行连接设计。与第 6.1.1 条同理，当能够保证结构在地震下（中震或大震）保持弹性时，可不必遵守此项规定，此时可按强度设计法进行节点设计。

6.2 隔震与减震设计

6.2.3 消能器连接节点

消能减震部件在罕遇地震作用下，不应发生低周疲劳破坏及与之连接节点的破坏，且消能性能应稳定。

无论位移型或速度型消能部件，连接节点的承载力应该大于罕遇地震作用下消能部件的最大内力，以确保消能减震部件在罕遇地震作用下正常工作，发挥减震作用。

6.3 防护设计

6.3.1 钢结构防护

条文：应按照建筑全寿命周期的耐久性能目标，在正常维护条件下能够保证钢结构正常使用。

钢结构防护包括钢结构防腐、防火和隔热。

17 钢标第 18.1.1 条条文说明：钢结构的抗火性能较差，其原因主要有两个方面：一是钢材热传导系数很大，火灾下钢构件升温快；二是钢材强度随温度升高而迅速降低，致使钢结构不能承受外部荷载作用而失效破坏。无防火保护的钢结构的耐火时间通常仅为 15min。防火涂料是钢结构通常采用的防火方法之一。

钢结构腐蚀是一个电化学过程，防腐涂料是钢结构防腐通常采用的一种方法。一般钢结构防腐蚀设计年限不宜低于 5 年，重要结构不宜低于 15 年，应权衡设计使用年限中一次投入和维护费用的高低选择合理的防腐蚀设计年限。由于钢结构防腐蚀设计年限通常低于建筑物设计年限，建筑物寿命期内通常需要对钢结构防腐蚀措施进行维修，因此选择防腐蚀方案的时候，应考虑维修条件，维修困难的钢结构应加强防腐蚀方案。同一结构不同部位的钢结构可采用不同的防腐蚀设计年限。

钢结构防火和防腐应根据其工作要求的不同，分别考虑，协调工作。按日本的设计方法，防火和防腐可一并考虑，即做防火可以不做防腐，防火材料同时兼顾防腐；防火采用性能化设计，根据计算结果确定防火涂料的厚度；柱间支撑为地震时抗侧力构件，地震与火灾不同时考虑，因此柱间支撑不需防火；室内干燥环境（如湿度不大于 70%），不需要防腐。

6.3.3 钢结构防火设计

《建筑钢结构防火技术规范》GB 51249—2017 第 3.2.1 条条文说明：本条基于承载力极限状态，指出了钢结构耐火验算与防火设计的准则。

钢结构在火灾下的破坏，本质上是由于随钢结构温度升高，钢材强度降低，其承载力随之下降，致使结构不足以承受火灾时的荷载效应而失效破坏。因此，钢结构的防火设计实际上是火灾高温条件下的承载力设计，其设计原理与常温条件下钢结构的承载力设计是一致的。

7 施工及验收

7.1 制作与安装

7.1.4、7.1.6 钢结构安装

钢结构的安装过程是逐步实现设计成品的完成过程。因此在安装过程中要考虑形成每一步相对独立的结构单元与完成后整体结构的关联，在保证每一个安装节点结构强度和稳定性的同时，要考虑对安装单元的临时补强措施，在重大环节上通过仿真计算与设计完成的最终结构进行比对，保证安装过程与设计意图的吻合。

7.2 焊 接

7.2.2 焊接工艺评定

首次采用的钢材、焊接材料、焊接方法、接头形式、焊接位置、焊后热处理制度以及焊接工艺参数、预热和后热措施等各种参数的组合条件，应在钢结构构件制作及安装施工之前按照规定程序进行焊接工艺评定，并制定焊接操作规程，焊接施工过程应遵守焊接操作规程的规定。

焊接过程既影响焊缝金属的各项性能，也影响焊接钢材热影响区的力学性能。焊接施工前需要按照规定程

序，对施工中拟采用的焊接工艺参数通过焊接模拟试件进行预先鉴定，模拟试件将经过无损检测和破坏性检验来验证其性能是否符合设计要求。这个评定过程是制定焊接操作规程的前置条件，必须在焊接施工前完成。只有采用评定合格的工艺进行焊接，方可认定焊接结构性能符合设计要求。

7.2.3 焊缝检测

全部焊缝应进行外观检查。要求全焊透的一级、二级焊缝应进行内部缺陷无损检测，一级焊缝探伤比例应为100%，二级焊缝探伤比例应不低于20%。

焊缝质量等级是根据钢结构的重要性、荷载特性、焊缝形式、工作环境以及应力状态等因素确定的。一级焊缝一般为承受动荷载且需要进行疲劳验算、焊缝横截面方向受拉力作用的对接焊缝或对接与角接组合焊缝。这类焊缝须确保每条焊缝的质量，故需进行100%的无损检测。二级焊缝可以适当降低质量要求，故参照美国、日本等国家的标准，要求无损检测比例不低于20%。钢结构受构造因素和现场条件等因素影响，一般采用超声波探伤进行检测。当超声波检测不能对质量作出准确判断，或设计认为必要时，可采用射线检测或其他无损检测方法进行内部或表面探伤。由于焊缝外观质量对焊缝的承载力、涂装质量、缺陷的发展等都有影响，因此不管哪个级别的焊缝，其外观都需要进行全数检查。

7.3 验 收

7.3.1 防腐涂料

钢结构防腐涂料、涂装遍数、涂层厚度均应符合设计和涂料产品说明书要求。当设计对涂层厚度无要求时，涂层干漆膜总厚度：室外应为 $150\mu m$，室内应为 $125\mu m$，其允许偏差为 $-25\mu m$。

防腐涂料是钢结构防锈蚀通常采用的方法之一。涂层的厚度往往对防锈蚀体系起着关键作用。从具体实际使用来看，涂层寿命随着涂层厚度的增加而延长。因此，保证漆膜厚度是保证钢结构耐久性的重要措施之一，同时本条也强调了涂层厚度检测在钢结构验收中的重要性。

7.3.2 防火涂料

超薄型、薄涂型防火涂料的涂层厚度应符合耐火极限的设计要求。厚涂型防火涂料的涂层厚度，80%及以上面积应符合耐火极限的设计要求，且最薄处厚度不应低于设计要求的 85%。检查数量按同类构件数抽查 10%，且均不应少于 3 件。

防火涂料是目前在钢结构工程中常用的防火保护措施。钢结构耐火极限的性能指标与喷涂厚度密切相关。防火涂料的厚度应按设计要求执行，具体实施时可分别根据薄涂型（超薄涂型）和厚涂型采用相应的验收标准。

8 维护与拆除

8.1 维 护

8.1.1 钢结构维护

钢结构应根据结构安全性等级、类型及使用环境，建立全寿命周期内的结构使用、维护管理制度。

维护的主要目的为保证结构及附属设施的安全，保障结构在服役期的正常使用。维护管理制度应明确检查、维护的内容、范围和执行计划。

结构在施工完成交付使用后，结构安全性主要与日常维护是否及时得当、使用是否规范、是否存在超载、私自拆改、维修是否及时妥当等因素有关，因此结构全寿命周期内的安全必须加强结构维护与管理。

8.3 拆 除

8.3.2 钢结构拆除

钢结构的拆除与其他结构，如混凝土结构或砌体结构的拆除方式有所不同。钢结构的拆除不能使用爆破法，故其拆除也是一种施工，只不过是安装施工的逆施工，故可以说钢结构的拆除是怎么安装的就怎么按相反的顺序拆除。

进入有限空间拆除施工，必须制定应急处置措施，配备有毒有害气体检测仪器，遵循"先通风、再检测、后作业"的原则。

对大型、复杂钢结构，由于部分构件拆除后的剩余结构可能存在稳定问题，因此在拆除前应进行施工仿真分析，并根据需要设置临时支撑等临时加固措施确保剩余结构的安全。对预应力钢结构拆除时，应先释放预应力再进行拆除。

8.3.5 拆除过程中结构的稳定

稳定问题是钢结构拆除的主要问题。钢结构拆除是一个动态的稳定过程，盲目拆除易造成剩余结构失稳，所以对结构的任何改变都应保证剩余结构的稳定性。由于拆除前建筑物有可能已经遭受一定程度的损坏，因而此时的建筑物不同于新建建筑物，施工之前需对结构进行受力分析。拆除过程中，存在安全隐患时，应考虑先行对结构进行加固。